MON CHIEN A UN PROBLÈME

Ce livre n'aurait pas pu exister sans tous les chiens avec lesquels j'ai pu travailler et en particulier les miens, Zéphire, Chanel et Luxia. J'ai énormément appris auprès d'eux. Tous les moments partagés ont été, avec le recul, merveilleux.
Un grand merci donc à tous ces chiens (et à leurs maîtres) qui ont croisé ma route. Une mention particulière pour le Club canin de Bompas qui est un peu mon terrain d'expérimentation.
Un énorme merci aussi à ma famille, notamment à ma fille Justine, de me soutenir et d'accepter ma passion.

CHRISTOPHE DUFFO

MON CHIEN A UN PROBLÈME

ABOIEMENTS, VOL, FUGUE, AGRESSIVITÉ, DÉPRESSION...

ULMER

SOMMAIRE

INTRODUCTION

Lutter contre les troubles du comportement nécessite une attention forte et une analyse fine de la situation. **Il faut diagnostiquer les causes de l'origine du trouble et ne pas se focaliser sur les manifestations pour traiter efficacement le problème**.

Pour cela, filmez ce qui se passe chez vous lors de vos absences. Attention, les images montrent un moment d'angoisse et de comportement exutoire pour votre chien. Ce n'est pas très agréable à regarder mais cela peut vous aider à mieux comprendre le problème.

Les techniques de désensibilisation, d'habituation, de contre-conditionnement, voire le détachement sont à appliquer. La phéromone d'apaisement (p. 49) est à généraliser.

Dès que vous avez un doute, parlez-en autour de vous et en premier lieu à votre vétérinaire qui pourra définir le trouble dont souffre votre animal, mais aussi son origine (pathologie, stress, angoisse…).

Demandez aide et conseils à des professionnels en veillant toujours à ce qu'ils aient une approche globale de la situation. Tous les conseils sont bons à prendre dès lors qu'ils proviennent de personnes compétentes qui ont bien analysé votre situation personnelle.

En revanche, soyez prudents avec les conseils lus sur Internet, généralement prodigués par des passionnés qui ne sont pas forcément compétents.

L'utilisation sans avis médical de médicaments, même destinés aux chiens, est à proscrire catégoriquement. Les médicaments psychotropes permettent souvent la disparition des symptômes mais ne soignent pas l'origine du trouble.

La thérapie médicamenteuse ne suffit généralement pas en elle-même et doit très souvent s'accompagner d'une thérapie comportementale à laquelle toute la famille doit participer. Pour être efficace, elle doit avoir un objectif clair et précis pour tous, ne pas être trop compliquée à mettre en application et avoir l'adhésion totale de tous les membres de la famille. Elle repose toujours sur les capacités d'apprentissage naturelles du chien puisqu'elle a pour but de remplacer un comportement par un autre.

Un chien désirant attirer l'attention ne distingue pas les encouragements et les réprimandes : soyez vigilant aux renforcements involontaires des mauvais comportements.

Hormis pour les cas de pathologie génétique ou physiologique ou en cas d'hyper-agressivité, tous les comportements déviants cités dans cet ouvrage peuvent être évités. Pour cela, il suffit de respecter quelques règles :
- Choisir un type de chien en fonction de votre caractère et votre façon d'être.
- Connaître parfaitement les besoins de l'animal. Demandez des conseils à l'éleveur, allez visiter des expositions canines et rencontrez d'autres éleveurs de la même race, demandez des conseils à un vétérinaire et à des éducateurs canins. Une fois le chien chez vous, commencez sans attendre son éducation en endossant le rôle de leader.
- Être clair, rigoureux et juste au point de vue canin.

Si ces règles sont respectées, avec un maître à l'écoute de son chien et de ses besoins, l'anxiété et les problèmes qui en découlent ne devraient pas apparaître.

CE QU'IL FAUT SAVOIR !

« Tout le chien est dans son regard »
PAUL VALÉRY, ÉCRIVAIN ET PHILOSOPHE FRANÇAIS

La majorité des problèmes que l'on rencontre avec son chien peuvent se régler simplement et rapidement lorsqu'on connaît les gestes et les attitudes à adopter. En effet, dans la plupart des cas, il est possible de mettre un terme aux vocalises, aux désobéissances, aux comportements déviants ou à l'agressivité, car ces troubles proviennent en général d'une mauvaise gestion de la relation, d'une incompréhension ou d'une pathologie.
Ce livre vous donne des clés pour agir le plus rapidement possible, dès que vous décelez un problème. **Plus vous interviendrez tôt, plus il sera facile de le résoudre**.
Il existe aussi des spécialistes du chien qui peuvent vous aider. Faire appel à eux n'est pas un aveu de faiblesse ; au contraire, cette démarche est celle d'un maître responsable qui fait face aux problèmes pour les résoudre, ou qui agit de manière préventive pour empêcher qu'ils apparaissent.

Qu'est-ce qu'un comportement ? Comment se décompose-t-il ?
Le comportement est l'ensemble des activités. Lorsqu'on cible plus précisément une de ces activités, on parle de séquence ou d'unité comportementale, qui se décompose en 3 phases :
- la phase appétitive : elle prépare et déclenche l'acte central de la séquence ;

- la phase consommatoire, l'acte central de l'unité comportementale, qui permet la satisfaction de la motivation ;
- la phase de retour à l'équilibre : le chien retourne à son état naturel, au repos.

Par exemple, lorsqu'un chien veut uriner, il commence par flairer pour trouver le bon endroit (phase appétitive), puis il élimine (phase consommatoire) et enfin il flaire à nouveau pour vérifier la trace olfactive (phase de retour à l'équilibre).

Dans la suite, par souci de simplification, nous parlerons de comportement pour désigner une séquence comportementale.

Éthologie : étude scientifique des mœurs des animaux dans leur milieu naturel. Elle a pour but de comprendre l'ensemble des comportements qui caractérisent une espèce.

Il est primordial de connaître les besoins éthologiques du chien et de savoir les prendre en compte.

Vous avez à faire à un chien avec des comportements, des instincts et des capacités d'un chien et non à un enfant. Votre chien agit, pense et communique en adéquation avec sa nature de canidé et de descendant du loup. Il ne faut jamais oublier que c'est un prédateur (pour sa nourriture mais aussi socialement), qui va toujours chercher le meilleur endroit pour lui et qui se bagarre pour des raisons qu'il juge essentielles (territoire, possession, position hiérarchique...). Adopter son mode de communication ne signifie pas *copier* le comportement naturel du chien, car le chien ne perçoit pas l'homme comme un de ses congénères.

Attention : Le retourner sur le dos, le saisir par la peau du cou, le maintenir plaqué au sol (comme le ferait, d'après certains maîtres, sa mère) est vécu par le chien comme une agression physique. Il comprend que son maître n'est pas content, mais n'assimile pas son comportement à une tentative d'interaction sociale ritualisée. En général, le chien adopte une attitude de soumission qui renforcera le maître dans son idée. Pourtant, le message n'a pas du tout été clair et la répétition des agressions risque d'entraîner une réponse violente par peur. Nous sommes évidemment loin de la confiance qui doit présider à toute relation.

Pour un chien, l'attitude de son maître n'est jamais neutre.

Le mode de communication canin est essentiellement basé sur la gestuelle. Le langage verbal est pour lui incompréhensible. Notre façon de nous tenir, nos actions, mais aussi ce qu'on ne fait pas, sont donc autant de messages inconscients que nous lui envoyons. Par exemple, caresser un chien qui manifeste de la peur, ou serrer la laisse quand vous croisez un chien qui semble antipathique sont des signaux qui, contrairement à vos intentions, vont conforter votre chien dans son sentiment de crainte.

J'ai appris l'ordre « assis » à mon chien et pour m'aider, j'ai ajouté un geste qui consiste à plier le bras, poing fermé. Lorsque je lui donne ce signal, il s'assied même si je lui donne l'ordre « couché » (qui lui s'accompagne d'un geste du bras vers le bas, la main ouverte).

Adoptez une posture en adéquation avec le message que vous voulez transmettre à votre chien.

Il est capital de bien comprendre les significations et les buts de la punition et de la récompense. Pour cela, il est indispensable de toujours garder en tête que le chien vit l'instant présent. Il ne peut donc pas faire le lien entre une action et votre réaction si elle intervient quelques dizaines de secondes après. Cela ne veut pas dire que le chien n'a pas de mémoire. Cela signifie simplement qu'il n'a pas le pouvoir d'abstraction de se dire « quand je fais ça, mon maître n'est pas content, alors je ne vais pas le faire ». Si vous montrez votre mécontentement trop tardivement, le chien n'assimilera pas la faute à votre sanction. Il pourra, à la rigueur, faire le lien entre la punition et le résultat de sa bêtise mais jamais entre la punition et le fait de faire la bêtise.

LA PUNITION

Pour être efficace, elle doit suivre certaines règles. Elle doit bien entendu être désagréable pour le chien mais ce qui l'est pour l'un ne l'est pas forcément pour l'autre. Il faut donc trouver la punition **adaptée** à votre animal.

Elle doit intervenir dès le début de la phase appétitive. Une punition donnée plus d'1 minute après la fin d'un comportement n'entraîne que crainte et incompréhension de la part du chien qui va adopter une posture de soumission (presque rampant, tête et queue basses). Il ne faut pas assimiler cet air penaud à l'attitude d'un enfant pris sur le fait. C'est un bel exemple d'**anthropomorphisme** et une erreur grave car la réponse du maître est maladroite, inappropriée

Anthropomorphisme : fait d'attribuer des réactions humaines à l'animal.

et incompréhensible pour le chien. L'état de confusion de l'animal va donc s'aggraver. La punition doit être **systématique**, c'est-à-dire donnée à chaque fois que le chien adopte le comportement indésirable. Elle doit être **telle que le chien ne puisse pas s'y soustraire**. Enfin, elle doit être **très brève**. Même si c'est frustrant pour vous, elle doit cesser dès que le chien donne les signaux d'apaisement (oreilles baissées, posture basse…).

Si ces règles sont respectées, la punition est très utile pour modifier le comportement d'un chien, en particulier lorsqu'il n'est pas ancré. Sur un chien adulte, elle a des effets limités puisqu'elle ne remplace pas le mauvais comportement par un autre mais se limite à le bloquer. Il est également important d'être conscient qu'une punition peut avoir pour conséquences une inhibition ou des réponses d'évitement, voire d'agressivité.

Attention : lorsqu'on punit un chien, il a souvent atteint son seuil de réactivité, c'est-à-dire qu'il est au maximum de son stress. Il ne peut donc en tirer aucun apprentissage. De plus, si la punition fonctionne, elle peut entraîner un sentiment de sécurité pour le maître alors que les besoins du chien ne sont pas respectés : un chien puni lorsqu'il grognait va pouvoir mordre sans avertissement.

Il existe plusieurs types de punitions :
- l'arrêt de toute interaction avec le chien ;
- le mécontentement visible sur votre visage. Le chien n'a qu'un désir, vous faire plaisir ; la contrariété qu'il peut lire sur vous est une véritable sanction pour lui ;
- peuvent s'ajouter la voix et une posture plus fermée (bras croisés, buste légèrement incliné vers le chien, muscles du dos et du visage contractés) pour arriver à enfermer le chien seul dans une autre pièce ;
- l'isolement, **la mise à l'écart du groupe**, est la punition la plus violente que vous pouvez infliger à votre chien. Il est donc important de bien juger de la situation avant d'appliquer cette sanction et de ne la réserver qu'aux cas les plus graves (agressions, mise en danger…).

La punition à distance est à utiliser lorsque le chien désire obtenir l'attention de son maître (aboiements la nuit, par ex.).

La punition à distance : Veillez à ce que le chien ne fasse pas le lien entre la sanction et vous. On peut se servir d'un pistolet à eau, faire un bruit fort (boîte en fer remplie de gravier) lancée vers lui ou encore piéger les zones que le chien souille ou détruit. Pour cela, un balai qui tombera lorsqu'il voudra franchir une porte, des tapettes à souris posées à l'envers qui se déclencheront quand il s'en approchera, ou tout autre dispositif de votre invention. Il est important de réamorcer le piège dès qu'il a été déclenché et en dehors de la présence de votre chien.

Ne frappez jamais votre chien, pour quelque raison que ce soit ! Le chien ne comprend pas les coups qu'on peut lui porter puisqu'ils ne font pas partie de son mode de communication (les chiens ne se frappent pas entre eux). Outre le fait qu'on peut le blesser, taper son chien a pour conséquence directe l'apparition d'une peur de l'homme, une incompréhension de la situation et un état de stress extrême. Le chien n'apprendra absolument rien d'autre que de vous craindre et ses réponses pourront aller de la désobéissance à l'agressivité.

LA RÉCOMPENSE OU « RENFORCEMENT »

Pour être efficace, la **récompense** doit apporter une grande satisfaction au chien mais surtout arriver à la fin de la phase de retour à l'équilibre. Si elle est donnée trop tôt, le comportement pourrait se trouver amputé. Si elle est donnée trop tard, le chien ne va pas faire le lien avec le com-

Récompense : acte positif et agréable destiné à entraîner la récidive du comportement.

portement désiré. La récompense est stimulante et conduit le chien à faire des essais pour retrouver la situation qui lui permet de l'obtenir. **En général, les récompenses les plus efficaces sont liées à la nourriture**. Il est nécessaire de trouver ce qui sera le plus appétant **pour votre chien** (fromage, saucisse, biscuits pour chiens...), tout en veillant à son équilibre alimentaire.

Pour un chien, le plus attractif n'est pas le goût mais l'odeur. Des morceaux de blanc de poulet bouilli sont une récompense très efficiente et qui permet de conserver un bon équilibre alimentaire. La récompense est d'autant plus efficace qu'elle sort de son quotidien : évitez les croquettes qu'il mange à chaque repas ou les petites friandises (os à ronger, biscuits...) que vous lui donnez « gratuitement ».

Pour favoriser l'apprentissage, les **caresses** doivent être calmes et accompagnées de félicitations énoncées d'une voix douce et posée.

Un autre type de récompense, qui viendra par la suite remplacer la précédente, **est la caresse**. Votre chien apprécie toutes vos caresses mais il est important de différencier les caresses dites de « domination » qui se situent sur le crâne, la nuque ou le garrot des caresses de plaisir (oreilles, cou, ventre, flancs et cuisses). Les caresses de « domination » sont à éviter si vous voulez vraiment le récompenser. Il est important de bien se souvenir que les caresses sont un lien social très fort entre vous et votre chien, et qu'elles permettent de préserver ce que nous appelons « l'ordre hiérarchique ». Il faut donc éviter de caresser systématiquement un chien qui le réclame : c'est vous qui contrôlez les contacts.

Le jeu est à la base de l'éducation des chiots. **Les jouets peuvent aussi être des récompenses très efficaces.** C'est en jouant avec sa mère et sa fratrie que le chiot acquiert les bons comportements et apprend à communiquer. Toutefois, ils présentent le défaut d'interrompre l'apprentissage lorsqu'on donne le jouet. Il faut veiller aussi au retour au calme du chien lorsqu'on veut reprendre le travail.

Trouver la récompense que votre chien préfère : Présentez-lui un biscuit et un jouet et gardez ce qu'il va choisir en premier. Recommencez en remplaçant l'objet qu'il n'a pas choisi par un morceau de fromage ou par un jouet d'un autre type. Vous pouvez bien entendu multiplier ces tests pour affiner votre sélection.

La récompense doit être donnée systématiquement au début de l'apprentissage, puis devenir intermittente, pour enfin être de plus en plus aléatoire. Pour que le comportement persiste, il ne faut pas que la récompense disparaisse définitivement, simplement, elle ne sera donnée que de temps à autre.

Tenez compte de l'intensité du renforcement. Contrairement à ce qu'on pourrait penser, **il est préférable de réserver les récompenses les plus agréables aux exercices les plus faciles**. En effet, lorsqu'on veut

apprendre une tâche compliquée à un chien, il faut qu'il soit concentré sur celle-ci et non surexcité par la récompense à venir.

Les méthodes utilisant un renforcement positif sont plus efficaces et beaucoup plus agréables à mettre en œuvre pour le chien comme pour le maître ; elles donnent de bien meilleurs résultats car elles ne sont pas source de tensions. En effet, pour tout apprentissage, un chien retient et assimile très vite les comportements désirés quand ils sont accompagnés de récompense en cas de réussite et de privation de récompense en cas d'échec. La sanction sera donc l'absence de récompense, voire une réprimande qui pourra être sévère si nécessaire mais ne sera en aucun cas violente.

Vous pouvez donc combiner friandise, caresse et jeu, en gardant cette dernière félicitation pour la fin de la séance. Le chien qui a bien travaillé est récompensé par un moment de partage et de dépense physique saine avec son maître. La punition seule ne suffit pas. Par exemple, si le chien urine sur un tapis. Lorsque le maître le prend en flagrant délit, le chien est puni. Il va faire le lien entre son maître et l'urine mais pas entre l'urine et le tapis. Il va donc apprendre à faire ses besoins quand son maître sera absent mais toujours sur le tapis.

POURQUOI ÉDUQUER SON CHIEN ?

« Le chien bien éduqué se mesure à l'aune de l'homme sage ».
GOETHE

Il n'existe aucun gène de la peur, de l'anxiété ou du courage. Certaines races vont montrer plus de tempérament que d'autres, mais le caractère et le comportement de votre chien dépendent essentiellement de ses expériences et de son éducation.

Il est nécessaire de bien éduquer votre chien et ce le plus tôt possible. Cela vous permettra de vivre en harmonie avec lui. Vous allez lui apprendre les comportements que vous attendez de lui. Vous pouvez aussi (vous *devez*, même) lui apprendre des comportements qui n'ont aucune utilité directe, simplement pour le plaisir mutuel de passer du temps ensemble et de communiquer. Par exemple, mimer un tir au pistolet avec vos doigts en disant « Pan ! ». Vous devez assumer le rôle du « leader » en qui on peut avoir confiance, qui s'impose et qui sait se faire comprendre. Comme le chien ne peut pas utiliser notre mode de communication, nous devons adopter le sien. Pour cela, il est très utile de connaître les principales théories d'apprentissage adaptées aux chiens.

- **La théorie de Pavlov** ou « conditionnement classique » montre que les réactions acquises, grâce à un apprentissage, deviennent des réflexes. Faire sonner une clochette avant de donner sa gamelle à un chien entraîne, après quelques répétitions, une salivation du chien dès qu'il entend la clochette même sans nourriture. Le chien apporte une réponse instantanée à un ordre direct (le chien s'assoit dès qu'il entend le mot « assis »).

- **La théorie du conditionnement opérant** grandement développée par Skinner. Il a utilisé un pigeon placé dans une boîte où se trouvent un distributeur de graines et une lampe. Quand l'ampoule s'allume et que le pigeon tape avec son bec sur un disque, le distributeur lui fournit des graines. L'oiseau apprend ainsi à obtenir de la nourriture en frappant le disque à un moment donné. Ce type de conditionnement est dit « opérant » car l'animal est actif, contrairement au chien de Pavlov, qui est conditionné de façon passive. Pour améliorer l'apprentissage, Skinner s'est appuyé sur les principes de renforcement et de punition.
- **L'insight** est une théorie largement étudiée par Kölher. Il a utilisé un singe qui devait attraper des bananes hors de portée de la main. Après plusieurs tentatives inefficaces sans aucun lien entre elles, le singe a trouvé une solution. Il a déplacé une caisse pour monter dessus et pouvoir accéder aux bananes. Confronté à des situations similaires, ce singe a utilisé en premier cette technique. Au lieu de se rapprocher graduellement de la solution, l'animal a soudainement trouvé la solution. L'insight est la découverte d'un coup de la solution.
- **La théorie cognitive de Lewin** est basée sur l'interaction. Elle démontre que la perception des événements qu'ont les individus exerce une influence capitale sur leurs comportements. Cette théorie implique qu'il est nécessaire de laisser le chien se détendre avant de le mettre au travail pour qu'il soit plus attentif à son maître et donc plus réceptif aux ordres.

De nombreuses études montrent que le chien apprend naturellement en utilisant 3 méthodes qui reposent sur ces théories d'apprentissage. Ce seront ces méthodes qu'il vous faudra mettre en œuvre lorsque vous désirez éduquer votre chien.

- **Par essais et erreurs :** on laisse le choix au chien. S'il se trompe, on corrige doucement l'erreur, s'il réussit, on le félicite fortement.
- **Par mimétisme :** lorsqu'on a plusieurs chiens (voire plusieurs animaux de différentes espèces), l'un des deux (le plus jeune en général) imite le comportement de l'autre. Cette méthode est très utilisée pour entraîner les chiens à la chasse par exemple. Attention, pour utiliser cette technique, le chien référent doit savoir parfaitement accomplir sa tâche.
- **Par association :** une nouvelle stimulation est associée à une stimulation déjà connue pour obtenir la même réponse.

Exemples :

- Pour la promenade en laisse : lorsque le chien tire, on le rappelle en s'arrêtant de marcher ; lorsqu'il est bien positionné, on le caresse et on le félicite tout en continuant la promenade. Contrairement à l'insight, le chien se rapproche petit à petit de la bonne position.
- Pour l'apprentissage du « assis » : mettre la main qui tient une récompense au-dessus de la tête du chiot. Instinctivement, celui-ci va s'asseoir. Ajouter alors le mot « assis » une fois que le chien a pris la position. Après quelque temps, on ne fera plus le geste mais on prononcera uniquement l'ordre. Cette technique est une application de la théorie de Pavlov.

L'apprentissage par immersion est à proscrire totalement avec le chien. Cette méthode consiste à confronter directement le chien avec le stimulus déclencheur de sa peur. Cela arrive fréquemment avec les chiens qui ont peur de l'eau. Sous prétexte qu'ils savent nager, leurs maîtres les jettent littéralement à l'eau (mer ou piscine) en pensant leur montrer qu'ils n'ont rien à craindre. Le résultat est une augmentation de l'angoisse du chien qui souvent développera une phobie de l'eau. Il en arrivera à craindre de manière excessive les bains, voire la pluie. Tout apprentissage avec un chien nécessite des étapes et cette méthode n'en comporte aucune.

Les intonations utilisées facilitent la communication parce qu'elles sont souvent en adéquation avec notre posture. Lorsque vous grondez le chien, vous le faites sur un ton sec et dur, les muscles contractés et le buste penché vers l'avant. Alors n'hésitez pas à être exubérant lors des félicitations, en prenant une voix aiguë sans crainte du ridicule. Utiliser un ton neutre est contre-productif. Il faut aider votre chien en modulant votre voix de manière significative. Vous adopterez ainsi naturellement la posture correspondant au message à transmettre.

De même, les expressions de notre visage sont très proches des mimiques faciales des canidés. Il ne faut donc pas hésiter à sourire largement lorsque vous êtes content ou à prendre un air sévère dans le cas contraire. Ces messages émis par votre seul visage suffisent souvent à vous faire comprendre. Un air dur, peiné ou en colère est généralement beaucoup plus efficace qu'une remontrance criée.

Rappel : L'isolement est pour le chien la pire des punitions : cette sanction doit correspondre à une faute très grave.

L'apprentissage dépend de la motivation du maître, de sa constance, de sa rigueur et du temps qu'il y consacre : si le maître est désinvesti ou ne se montre pas juste dans ses décisions, il apporte de la confusion au chien, ce qui peut créer des troubles du comportement.

Lorsque vous réprimandez votre chien, adaptez votre comportement à la gravité de la faute :

1. Cesser l'activité est la première punition.
2. Gronder d'un ton sec mais sans crier.
3. Pour un sérieux écart de comportement, on sermonne le chien puis **on se détourne et on ne s'occupe plus de lui**.

Il est capital d'utiliser un vocabulaire clair et précis pour une bonne communication. Tous les ordres doivent donc consister en un mot simple et court qui devra être employé par tous les membres de la famille. Pour le rappel par exemple, il ne faut pas qu'une personne dise « viens », une autre « ici » et une dernière « au pied ».

Il n'est jamais ni trop tôt ni trop tard pour apprendre un comportement à votre chien. Dès la naissance, la mère commence l'éducation de ses chiots. Le maître doit simplement poursuivre ce travail. Avec un chien plus âgé, il est possible de faire acquérir, voire de modifier, un comportement. C'est un peu plus long car il faut faire disparaître une habitude pour la remplacer par une autre.

Quelle relation d'autorité entre le maître et son chien ?

Des études récentes démontrent qu'il ne peut pas y avoir de relation de dominance dans les interactions entre deux espèces différentes. Il n'existerait pas de compétition hiérarchique homme/chien (l'homme n'est pas un chef de meute alpha). Cela dit, il est important que le maître prenne la place de « chef de famille » : c'est à lui de prendre les décisions importantes, sans se transformer en tyran qui décide de tout. Vous devez simplement être en mesure de vous faire comprendre par votre chien en toute situation. Pour cela, une relation de confiance et de respect est bien plus efficace que celle basée sur la crainte. Le chien, votre famille, vos autres animaux et vous ne composez pas une meute de canidés, mais un groupe appelé à vivre en bonne entente. Le chien le comprend très bien. Il faut juste l'aider à trouver sa place au sein de ce groupe. Pour cela, observez votre chien, comprenez-le pour lui imposer les limites que vous désirez. Vous deviendrez ainsi un maître fiable avec lequel le chien coopère, vous contrôlerez alors votre chien quand cela s'avère nécessaire. Il s'agit donc bien là d'une coopération et non d'un dressage strict. Dans le premier cas, le chien écoute et répond aux attentes du maître, dans le second, le chien est dénué de volonté et agit mécaniquement, ce qui entraîne des risques importants liés à la moindre perturbation lors du stimulus. Le temps passé à apprendre quelque chose à votre chien raffermit le lien qui vous unit en précisant le rôle de chacun. C'est cette répartition des différents rôles que nous appellerons « hiérarchie » dans la suite de cet ouvrage. Cette hiérarchie doit être construite progressivement, sans agressivité et en conformité avec la nature de canidé de votre animal, et être basée sur la confiance, le respect et la communication.

N'utilisez pas de méthode dure ou conflictuelle qui pourrait engendrer de l'agressivité mais privilégiez les méthodes positives ou progressives, en utilisant le renforcement positif à l'aide d'une récompense.

Évitez tout anthropomorphisme lors des apprentissages !

Lors de tout apprentissage, placez-vous dans une situation que vous contrôlez (terrain clos pour l'apprentissage du rappel, par ex.). **Lorsque votre chien manifeste de l'excitation, interrompez l'apprentissage**. Ne le réprimandez pas, ne jouez pas avec lui mais ignorez-le, détournez-vous de lui afin qu'il s'apaise tout seul. Une fois le chien calmé, voyez si vous pouvez reprendre l'exercice. Si le chien montre rapidement de l'énervement, arrêtez définitivement. Vous pourrez reprendre les exercices quelques heures après.

Pour un renforcement positif efficace, il est essentiel de faire attention au moment auquel vous donnez la récompense. Si le chien n'est pas dans la position ou n'adopte pas le comportement désiré, surtout ne le félicitez pas. Pour le chien, comme pour nous, la concentration suit une parabole inversée. Elle monte puis descend. Il faut toujours cesser le travail dans la phase ascendante de la concentration.

Rappel : Le renforcement positif consiste à récompenser l'animal lorsqu'il produit le comportement souhaité alors que le renforcement négatif s'obtient en évitant à l'animal une situation désagréable ou d'inconfort.

Montrez-vous toujours très rigoureux et plus « têtu » que votre chien. Si vous lui avez donné un ordre, il faut toujours que votre chien l'exécute même si vous pensez, avec un peu de recul, que cet ordre n'était pas approprié. Si vous le laissez ignorer une de vos demandes, il pensera qu'il peut en négliger d'autres quand bon lui semble.
Il est également important que votre chien fasse de l'exercice physique. Votre animal sera plus équilibré et votre relation n'en sera que meilleure. Il existe une forte corrélation entre bien-être psychique et

La récompense, systématique au début, deviendra intermittente puis aléatoire. L'apprentissage de manière coercitive, avec un collier étrangleur (pudiquement appelé « collier d'éducation », à présent interdit dans toute manifestation canine) pour la marche au pied, peut sembler rapide et efficace, mais c'est une erreur. Lorsque vous retirez ce collier, vous n'avez plus de moyen pour sanctionner et le chien n'en fera qu'à sa tête. Les méthodes douces sont vraiment beaucoup plus efficientes.

La fixation

Il s'agit d'un exercice primordial qui permet d'améliorer la qualité et la rapidité d'assimilation de tous les ordres que vous donnerez. Bien maîtrisé, il permet d'attirer l'attention du chien en toutes circonstances.
Il faut commencer son apprentissage dès l'arrivée de votre chien. Pour cela, commencez par choisir un ordre : « moi », « fixe », « regarde »… (On prendra l'ordre « fixe » pour notre exemple). Munissez-vous de friandises très appétantes dans chaque main. Faites asseoir votre chien et placez-vous devant lui les mains fermées à hauteur du visage. Dès que son regard croise le vôtre dites-lui « oui, c'est bien, fixe ». Donnez-lui une friandise et recommencez. Il est important de donner les friandises de manière aléatoire, de la main droite ou de la main gauche pour ne pas que le chien se fixe sur votre main mais bien sur votre visage. Au fur et à mesure de l'apprentissage, les mains vont s'éloigner du visage, les bras de plus en plus écartés. Vous allez aussi vous déplacer tout d'abord en arcs de cercle devant votre chien, puis en cercles entiers, puis en vous éloignant. Le but est d'avoir le regard du chien toujours sur votre visage pendant 30 secondes.

bien-être physique. De nombreux soucis de santé ou comportementaux peuvent être résolus par une activité sportive adaptée à la morphologie, à la santé et au caractère de votre chien. Ainsi, certains vont avoir besoin de courir de longues minutes alors que pour d'autres, une simple promenade suffira. À vous de savoir quels sont les besoins de votre animal et comment y répondre.
Il est évident que le caractère du chien intervient fortement dans vos relations avec lui. Par ailleurs, son éducation sera celle que vous serez capable de lui donner. Il faut donc choisir un chien dont les besoins concordent avec votre tempérament. Ainsi choisir un chien qui a besoin d'autorité (chiens primitifs, par ex.) alors qu'on est indolent ou au contraire prendre un chien sensible (issu de lignées de beauté) lorsqu'on a un caractère plutôt fort sont des situations qui conduisent très souvent à un échec dans la relation. **Avant de choisir son chien, il est donc impératif de se documenter sur les besoins et les caractéristiques comportementales de la race qui vous plaît**. Pour cela, vous pouvez vous adresser aux clubs de races ou vous renseigner auprès des éleveurs lors des expositions canines par exemple.

Rappel : Sanctionner ne signifie pas battre. Les coups ne servent à rien en matière éducative et ne peuvent qu'entraîner une crainte du chien envers son maître. Cette peur est souvent la source de nombreux problèmes graves.

Pour une bonne éducation, il faut être le leader. Par conséquent, il est préférable de ne pas laisser au chien certaines prérogatives. Ainsi, il vaut mieux que le chien mange après son maître, qu'il n'ait pas accès à toutes les pièces de l'habitation, qu'il ne couche pas dans les lieux de passage et que le maître soit toujours à l'initiative du contact.

En revanche, certains comportements ne doivent jamais être ni tolérés ni sous-estimés. Il faudra donc impérativement sanctionner toute simulation d'acte sexuel ainsi que toute marque d'agressivité.

Pour éduquer correctement son chien, il faut sanctionner dès qu'il n'adopte pas le comportement désiré (à condition que ce comportement soit compatible avec sa nature de canidé), mais aussi féliciter quand on est content. Soyez patient, à l'écoute de votre chien et de ses besoins, assurez-vous toujours d'être clair et cohérent au sens canin.

La plupart des victimes de morsures de chien sont des enfants ou des adolescents. Ils ne comprennent pas naturellement les messages de menace émis par le chien et n'ont pas conscience que leurs comportements peuvent faire peur au chien. Il est donc primordial de leur apprendre, et ce dès le plus jeune âge, les bonnes attitudes et les bons gestes, mais aussi à déchiffrer le langage du chien. Ne pas courir, ne pas crier, ne pas gesticuler, ne pas se battre même pour jouer devant lui, ne pas le poursuivre, ne pas le déranger quand il mange ou dort, ne pas lui monter dessus…
Il est bien entendu impensable de laisser un enfant sans surveillance avec un chien, et ce quelle que soit sa taille. De même, il est impératif de séparer le chien de l'enfant, et à fortiori du bébé dans son siège auto, dans l'habitacle de la voiture. Il est préférable pour la sécurité de tous, y compris celle de votre animal, de mettre le chien dans une cage de transport adaptée.

Faire appel à un professionnel n'est pas un aveu d'échec. C'est au contraire mettre toutes les chances de son côté pour vivre une relation harmonieuse et enrichissante. Il faut veiller aux compétences du professionnel. Une approche systémique de chaque situation est nécessaire : il faut étudier le chien dans son environnement, avec les personnes et les animaux qui partagent sa vie. C'est la relation entre le maître, voire la famille ou les autres animaux et le chien qui va être l'objet de tout le travail. Le professionnel devra vous poser de nombreuses questions afin de pouvoir vous conseiller efficacement. Méfiez-vous de ceux qui vous donnent une solution clé en main sans avoir vraiment discuté avec vous. Faites aussi attention aux nombreux « précieux conseils » trouvés sur Internet. Vous ne connaissez pas la personne qui les écrit et elle ne sait rien de vous et de votre relation avec votre chien. Si vous prenez un chiot, n'hésitez pas à l'emmener dans un club canin qui dispose d'une réelle « école du chiot ». C'est un endroit adapté, de préférence un terrain clos et recouvert d'herbe où les chiots évoluent en liberté. Les chiots apprennent les bases d'éducation et les maîtres apprennent à observer leurs comportements pour améliorer la communication et déceler les problèmes éventuels. On y multiplie les expériences exploratoires visuelles, tactiles et olfactives et de proprioception. Généralement, un chien adulte y régule les débordements. De nombreuses personnes interviennent pour éviter la crainte de l'homme.

POURQUOI JOUER AVEC SON CHIEN ?

« Ce qui est le plus plaisant avec un chien, c'est qu'on peut faire l'idiot avec lui et que non seulement il ne vous fera aucun reproche, mais il va faire l'idiot lui aussi. »

SAMUEL BUTLER, ÉCRIVAIN BRITANNIQUE

Jouer quelques minutes avec son chien est capital. **Le jeu permet de travailler sur les « instincts » de chasse, de « hiérarchie », de combat et de vie au sein d'un groupe**. Vous allez aussi stimuler votre chien, renforcer votre complicité, parfaire son éducation et conforter votre place de leader. Cela permet en outre à votre chiot de prendre conscience de son corps et de ses mouvements. Toutefois, il ne faut pas jouer n'importe comment et **toujours garder le contrôle**. C'est le maître qui décide quand on commence, comment, où et quand on arrête. Il est nécessaire que ce soit toujours un moment de partage joyeux adapté à l'âge, à la morphologie et à l'état de santé du chien. Avec un chien âgé, par exemple, le jeu ne devra pas excéder quelques minutes et n'avoir aucun caractère violent.

Il est évident qu'on ne peut pas jouer à tout moment de la journée car on a d'autres obligations. Mais il faut saisir toutes les opportunités dans la maison, le jardin, lors de promenades, ou lors de toute situation que vous jugerez appropriée. Profitez du fait qu'étant débarrassé des contraintes liées à la survie, votre chien n'aura que ça à faire et sera toujours partant pour jouer.

On ne joue pas 1 h avant ou 1 h après le repas d'un chien (pour éviter la dilatation-torsion de l'estomac) ou s'il vient d'être opéré ou est en gestation.

Exemple : le jeu permet d'apprendre au chien à ne pas sauter, ne pas mordiller, ne pas saisir les vêtements… Il suffira de marquer votre mécontentement avec un « non » ferme et de cesser l'activité. Les comportements qui n'apportent aucune satisfaction s'éteignant d'eux-mêmes, il apprendra de manière ludique à bien se conduire.

Pour qu'un jeu soit efficace, il est nécessaire d'y prendre plaisir. Pratiquez un jeu qui plaise au chien même si vous n'y trouvez pas vraiment d'intérêt personnel. Montrez-vous le plus exubérant possible en criant, avec des sourires, une voix enjouée, des rires des applaudissements… C'est ainsi que l'activité remplira de manière très efficace son rôle éducatif.

Différents types de jeux sont naturels pour le chien :

- **Les jeux locomoteurs** stimulent les muscles et préparent le chiot à ses activités de chasse : courses, cabrioles, sauts, bonds…

- **Les jeux de prédation :** le chien commence par toucher, sentir puis prendre en gueule le jouet. Cela correspond à la capture d'une proie.
- **Les jeux sociaux :** course, lutte ou cache-cache.

Lorsqu'il n'y a aucun souci relationnel, vous pouvez jouer avec votre chien à sa demande. Généralement, l'invitation est claire : le chien plaque ses antérieurs au sol, son arrière-train est relevé, son fouet frétille, sa tête est levée, ses yeux fixés sur vous et il jappe. Il peut aussi se précipiter vers vous, s'arrêter, se baisser sur les antérieurs et repartir à quelques mètres, puis recommencer.

Lorsque le chien a envie de jouer, ses babines s'étirent horizontalement sans montrer les dents de devant, on dirait qu'il sourit.

LES JEUX DE LANCER

Lorsque vous lancez une balle, un frisbee ou tout autre jouet adapté, l'instinct de prédateur pousse votre chien à aller le chercher et le saisir. Mais il est souvent nécessaire de lui apprendre à rapporter la balle en s'aidant d'un renforcement primaire sous forme de nourriture ou d'un autre jouet très apprécié.

Lors de cet apprentissage, il est préférable de ne pas utiliser une balle car il faut commencer par lancer l'objet proche de vous (moins de 2 pas). Dès que le chien l'a attrapé, rappelez-le en lui montrant la récompense. Ne la lui lancez surtout pas, mais attendez qu'il soit venu à votre portée et échangez l'objet contre la récompense en lui donnant un ordre (« lâche », « donne »...). Vous lui apprenez ainsi à vous rendre tout objet qu'il pourrait prendre hors du contexte du jeu. Lorsque le chien rapporte systématiquement l'objet, augmentez petit à petit la distance de lancer. Si votre chien se lasse de l'objet, changez-en, faites une pause ou même changez de type de jeu et revenez-y un moment après. Vous pouvez lancer l'objet dans l'eau si votre chien aime nager. Cela variera le jeu et permettra de diversifier les exercices physiques. Bien entendu, il faut faire attention aux courants, aux vagues, aux baigneurs éventuels et à ne pas jeter l'objet trop loin. Profitez de ce jeu pour renforcer votre contrôle sur le chien en exigeant par exemple qu'il ne bouge pas tant que vous ne lui en avez pas donné l'ordre. N'oubliez pas que vous jouez : compensez votre autorité par un regain de félicitations quand votre chien rapporte l'objet.

Attention aux actions contre-productives !

- Ne forcez pas votre chien en le retenant ou en voulant lui arracher le jouet de la gueule.
- N'allez pas chercher vous-même l'objet. Si le chien ne rapporte pas le jouet, ramassez-le et cessez le jeu. Cette attitude suffit à lui signifier que vous n'êtes pas satisfait. Vous pouvez reprendre le jeu après une interruption de 5 minutes.
- Ne pratiquez jamais ce jeu en présence de chiens inconnus car cela pourrait entraîner des conflits, voire des blessures. Cette agression dite de compétition est l'une des causes les plus fréquentes de morsures.
- Faites également attention aux bâtons. Ils se décomposent pendant le jeu et peuvent s'avérer dangereux. Des morceaux acérés pourraient blesser le palais ou l'œsophage de votre chien.

LES JEUX DE LUTTE

Les jeux de lutte sont des jeux de compétitions, de force, de rapidité. Ils permettent de stimuler votre chien aussi bien mentalement que physiquement mais sont à éviter lorsque votre chien manifeste une excitation excessive ou de l'agressivité. **Ce sont de véritables tests de « hiérarchie », il ne faut donc pas les considérer comme anodins**. Il faut toujours être en mesure de les contrôler parfaitement, c'est-à-dire de les cesser dès qu'on le souhaite **et toujours sur votre victoire.** L'exemple le plus courant est le jeu de corde : le chien tient un bout de la corde et le maître tire de l'autre côté. Il ne faut y jouer que si l'on est capable de récupérer la corde quand on le veut. Le chien peut parfois « gagner » mais vous ne devez arrêter de jouer que quand vous le décidez avec la corde dans la main. Vous pouvez pour cela utiliser un subterfuge (autre jouet, friandise…) plutôt qu'un ordre sec — qui ne serait pas en adéquation avec le moment ludique. Couplé à un renforcement positif avec ses friandises préférées, ce jeu est un excellent moyen d'apprendre à votre chien à lâcher un objet qu'il aurait pris sans votre autorisation. En revanche, dans les cas où le chien manifeste de l'agressivité, ou devient plus combatif ou surexcité ou si vous avez du mal à faire preuve d'autorité, ne jouez pas à ces jeux. Vous pouvez les remplacer

Idée reçue : Ces jeux ne rendent pas agressif et ne développent pas l'instinct de prédation. Ils ne font que développer des comportements déjà présents. Soyez vigilant mais si votre chien ne montre aucune agressivité (prendre, secouer, détruire, gronder) et que vous ne voyez aucune augmentation sensible de l'intensité, ils sont idéaux pour lui faire plaisir. Dans ce cas, la seule restriction est de toujours terminer le jeu quand vous le désirez et en étant le vainqueur.

par d'autres dans lesquels vous contrôlerez totalement la situation.
Ces jeux ne peuvent être pratiqués que lorsqu'on est sûr du caractère de son chien. Évitez-les avec des chiots ou à l'âge de la puberté. Cependant, si le chiot est posé et ne montre aucun signe d'excitation excessive, si l'on est certain de ne pas renforcer une agressivité latente et qu'on veut absolument pratiquer ce type d'activité, il faut faire attention à ne pas jouer de manière trop brusque. Dans ce cas, remplacez la corde par un chiffon et surtout restez très attentif aux réactions de l'animal. Ne secouez jamais la corde verticalement, surtout avec les jeunes chiens, cela pourrait les blesser aux cervicales. Il est également souhaitable d'éviter ce type de jeu avec des gros chiens de type molossoïde ou des chiens aux mâchoires puissantes.
Lors de ce jeu, faites aussi attention à vos doigts et à vos vêtements. En cas d'accident (pincement ou trous), ne grondez pas le chien. C'est à vous de gérer son excitation et de contrôler la durée du jeu.

Attention : Cette activité doit être pratiquée en votre présence pour éviter que le chien détruise le jouet ou qu'il abandonne. Ce type de jeu n'est pas très adapté aux races brachycéphales car les chiens ont du mal à attraper la friandise à l'intérieur.

LES JEUX DE RÉFLEXION

Ces jouets qui stimulent l'intellect et la mémoire du chien contiennent des friandises. Le chien doit faire coulisser ou soulever des parties du jouet pour atteindre la récompense. Pendant que le chien cherche la solution, encouragez-le pour développer son esprit d'équipe. Ce jeu est difficile. Il faut garder l'aspect ludique sans chercher la réussite à tout prix et en augmentant la difficulté très progressivement.

Vous pouvez aussi stimuler l'intellect de votre chien sans ces jeux et en faisant preuve d'imagination. En dehors des apprentissages éducatifs (positions, propreté, marche en laisse et rappel), vous pouvez enseigner à votre chien des petits tours : faire le beau, rouler sur le dos, faire le mort, passer entre vos jambes, sauter un obstacle… On peut même l'amener à différencier deux objets, voire des objets identiques de couleurs différentes bien contrastées.

Différencier les couleurs

Exemple avec une balle rouge et une balle jaune. On commence par la balle rouge uniquement en disant « balle rouge » à chaque fois. Dès qu'il la rapporte, on le félicite. Dans un second temps, on ajoute une balle d'une autre couleur que rouge ou jaune, et on le félicite à chaque fois qu'il reconnaît la balle rouge. Ensuite, on recommence le processus avec la balle jaune. Lorsque le chien a acquis les deux notions, on place une balle rouge et une jaune, l'une à côté de l'autre. On lui demande de rapporter la balle rouge, s'il ne se trompe pas, on le félicite et on le récompense, sinon on ignore. Dès que le chien différencie parfaitement les deux balles, on peut augmenter la difficulté en ajoutant des balles. On peut aussi tenter de lui apprendre à distinguer une autre couleur (le noir, par ex.).

On peut aussi travailler la distinction de deux formes, voire de deux matières. Une expérience faite aux USA avec un Border Collie a montré que le chien pouvait différencier plusieurs dizaines d'objets en fonction de leur couleur, leur taille, leur forme, ou leur matière.

Il existe beaucoup d'autres situations de jeux que vous pouvez créer telles que des courses d'obstacles ou des parties de cache-cache.

Il n'est pas nécessaire de chercher des jeux très compliqués.

De simples objets nouveaux posés sur le sol, une balle qui roule, un son insolite attiseront sa curiosité et seront largement suffisants.

Si votre chien s'excite exagérément ou s'il commence à grogner, cessez simplement le jeu. Vous pourrez le reprendre après une pause de 5 min si vous le désirez. Certains chiens grognent lorsqu'ils sont contents. Il ne faut pas confondre ce comportement avec de l'agressivité. L'étude attentive de tous les autres signaux émis par le chien (posture, mimiques faciales, port de fouet, poils) permet de comprendre le message émis. S'il s'agit de grognements de plaisir, vous pouvez bien entendu poursuivre sans crainte. En revanche, si ce sont des grondements, cessez immédiatement de jouer et exigez de votre chien un comportement qu'il connaît (position assise ou couchée, par ex.).

Les jouets permettent aussi de faire patienter le chien. Lorsque vous vous absentez, pensez à lui en laisser pour qu'il puisse mastiquer, ce qui limite l'apparition de la plaque dentaire. Plus il sera occupé, moins il ressentira l'angoisse de votre absence. Les objets en caoutchouc creux et durs peuvent aussi se montrer d'une grande utilité. Votre chien passera beaucoup de temps avec un jouet de ce type rempli de friandises adaptées aux canidés (pâtés, fromages à tartiner, biscuits...).

Vous pouvez donner de vrais os à votre chien, en évitant toutefois les os de volaille, de lapin ou d'entrecôte cuits. Ils sont friables, font de petits éclats qui peuvent entraîner une perforation de l'appareil digestif. De même, il est préférable d'utiliser des os en matière naturelle (buffle, bœuf ou porc) plutôt qu'en matière synthétique.

COMPORTEMENT GÊNANT OU TROUBLE DU COMPORTEMENT ?

« Les petits chiens et les petites gens prennent de grands airs. »
ADAGE DANOIS

« Mon chien est têtu, il n'en fait qu'à sa tête, il ne m'écoute pas, il veut se venger, il sait qu'il a fait une bêtise… ». Toutes ces assertions, émises par de nombreux maîtres, porteraient à croire que le chien serait un animal très difficile et qu'il pourrait faire preuve de mauvaise volonté. Ces maîtres pensent, à tort, qu'il faut réprimer ces manquements à la discipline et se montrer dur, voire violent. C'est une grave erreur. **Le principal désir du chien est de faire plaisir à son maître**. Si le maître est heureux, cela se traduit par de la sérénité et du bien-être pour tous. Les mauvais comportements du chien sont en fait, dans la grande majorité des cas, les conséquences d'angoisses, d'une mauvaise éducation, d'une mauvaise communication, de l'ennui ressenti par le chien ou encore d'une maladie.

Aucun chien ne sait qu'il a mal agi si la faute remonte à plus de quelques dizaines de secondes. L'air penaud pris par le chien est un message canin qui indique sa désorientation et son souhait de ne pas entrer en conflit avec son maître et non l'attitude d'un enfant pris en faute.

Distinguons tout d'abord les comportements gênants des troubles du comportement. Les comportements attendus par le maître mais qui sont en opposition avec la nature même du chien ne peuvent bien entendu pas être classés dans ces deux catégories.
Exemple : qu'un chien aille systématiquement flairer les déjections qui se trouvent sur son chemin est un comportement normal au sens canin, très important pour son équilibre (il découvre dans les fèces des informations sur l'identité du congénère passé avant lui), même s'il peut ennuyer le maître.

La plupart des comportements jugés indésirables ne sont qu'une réponse normale d'adaptation à l'environnement que le maître impose au chien, bien souvent sans tenir compte de ses besoins éthologiques. Le chien a une extraordinaire capacité d'adaptation mais celle-ci a des limites. Lorsqu'elles sont atteintes, le chien donne une réponse qui lui est naturelle mais qui devient vite dérangeante pour nous. Ce sont ces réponses qui constituent ce qu'on appelle les comportements gênants ou les troubles du comportement.
Les comportements gênants sont ceux qui ne sont pas acceptables en société (sauts sur les gens, tirage de laisse, absence de propreté, désobéissance générale et en particulier lors des rappels...).
Les troubles du comportement sont des manifestations anormales par rapport à la façon de se conduire de la majorité des chiens. Ils peuvent être des comportements cités plus haut, mais aussi des conduites qui mettent en péril la santé même de l'animal (hyperactivité, syndromes HA-HS ou de pica, potomanie, automutilations...). Ils découlent principalement de problèmes éducatifs, de traumatisme récent ou ancien, de stress, d'angoisse, de phobie ou sont encore d'origine pathologique.
Ces dérèglements se révèlent souvent être de véritables troubles obsessionnels compulsifs (TOC).

Une récente étude américaine estime que près de 8 % des chiens présentent des signes de comportement compulsif. Parmi les chiens souffrant d'un tel trouble, 75 % sont des mâles.

Stéréotypie : acte identique, répété, sans fonction évidente et qui sort de la norme.

Ces TOC ou **stéréotypies** sont l'une des raisons principales d'abandon ou d'euthanasie des chiens. Pourtant, il est possible de les soigner.

Voici les symptômes les plus courants des TOC : une excitation excessive (le chien ne peut pas rester en place, il arpente son espace, court le long des clôtures...), un manque d'attention généralisé (même sans stimulus extérieur tel que la présence d'autres chiens), une hypervigilance (le chien est toujours sur le qui-vive, prêt à bondir), une agitation inhabituelle (le chien s'ébroue, tourne en rond, se secoue, s'étire, court ou baille) sans raison apparente, ou au contraire une atonie (manque de vitalité et d'énergie), une apathie (état de fatigue physique ou intellectuelle profond caractérisé par une indifférence à l'émotion et aux désirs), une rigidité de posture, voire une catalepsie (le corps reste complètement figé et sans réaction face à tout stimulus), une tachycardie et des halètements rapides, une accélération du transit intestinal (selles et urines très fréquentes), une vidange des sacs anaux, des diarrhées ou des vomissements, une sudation (le chien transpire par les coussinets et par conséquent laisse des traces au sol), une soif intense (le chien boit très souvent et très rapidement de grandes quantités d'eau) ou inversement une adipsie (absence de prise d'eau), une apparition de tics (de grattage, de mordillements notamment des flancs, de léchages des pattes...) avec possibilité de lésions, une apparition de tremblements, une anorexie (perte de l'appétit). Le chien peut aussi avoir des hallucinations (il chasse des mouches imaginaires, par ex.).

La présence d'un seul de ces symptômes doit vous alerter. La combinaison de plusieurs symptômes doit vous faire réagir immédiatement et de manière énergique. Il ne faut surtout pas les réprimer, ni réprimander le chien. Ces manifestations sont créées par un stress intense et le fait de les stopper brusquement sur le moment, ou de gronder le chien, engendre une augmentation de ce stress. Il faut, au contraire, soulager les tensions du chien.

Lorsque le chien se trouve en situation inconfortable pour lui, il va émettre des signaux dits d'apaisement. Ces signaux indiquent que le chien n'est pas à l'aise, qu'il désire interagir mais qu'il ignore comment faire. Il est en position d'attente. Ainsi, détourner le regard ou la tête, renifler le sol, se lécher rapidement les babines, se figer sur place,

Attention : Le chien est par nature un prédateur et un opportuniste. Il cherche toujours ce qui lui convient le mieux. Certains chiens sont capables de simuler un comportement, une maladie (léchages intensifs, automutilation, boitements, etc.), parce que cette attitude attire votre attention et votre compassion.

trembler, se déplacer extrêmement lentement, s'asseoir, se coucher, s'étirer ou encore bailler sont des exemples de ces signaux complexes que le chien peut émettre.

Enfin, il existe aussi des comportements aberrants. Le plus fréquent est le chien qui chasse des ombres ou encore qui essaie d'attraper des mouches imaginaires. Il s'agit en général de troubles neurologiques graves. Il est impératif de consulter au plus vite un vétérinaire.

Si vous pensez que votre chien souffre d'un trouble du comportement, il est important de procéder par étapes.

Le syndrome confusionnel provoque une désorientation (le chien se perd, même dans la maison), une perte des apprentissages élémentaires (le plus souvent la propreté), une altération des cycles de sommeil (le chien dort la journée et est actif la nuit) et des interactions sociales (par ex. il ne manifeste plus de joie en vous voyant).

Lorsque votre chien commence à adopter ce type de comportement (léchages ou grattages, voire mordillements intensifs, boîterie, *tail chasing*...) en votre présence, ignorez-le. Ne lui parlez pas et même mieux, changez de pièce sans le regarder.

Si, au bout de quelques jours, le chien persiste à se conduire ainsi, consultez votre vétérinaire. Le bilan de santé pourra déterminer la nature du trouble (comportementale ou médicale). Il faut bien retenir que de nombreuses affections (troubles de la vision ou de l'audition, arthrose...) peuvent donner lieu à des comportements anormaux. De même, un chien âgé, c'est-à-dire à partir de 8 ans, peut être atteint d'un **syndrome confusionnel**.

Votre vétérinaire est le seul à pouvoir diagnostiquer avec précision le trouble et son origine. Il pourra dès lors définir le traitement adéquat (médicamenteux, comportemental, éducatif...). Pensez à lui parler des phéromones d'apaisement, notamment phéromones d'apaisine, qui, sans garantir des résultats à 100 %, peuvent aider à régler de nombreux troubles du comportement.

Lorsque la cause n'est pas d'ordre médical, il est capital d'avoir une approche systémique du problème pour le résoudre. C'est-à-dire qu'il faut agir sur toutes les composantes de l'environnement du chien et non simplement, comme cela est vu trop souvent, sur l'animal uniquement. En effet, ce n'est pas parce que le chien se comporte bizarrement qu'il est le seul responsable de la situation. Il ne s'agit donc pas de modifier directement le comportement de l'animal mais d'entraîner des changements dans les relations et la communication entre le chien et les autres membres du groupe afin d'obtenir l'amélioration comportementale souhaitée. Cette technique demande une grande implication de toute la « famille » car elle nécessite une prise de conscience des propriétaires et une modification des habitudes de tous.

L'approche systémique exige une analyse précise du cadre familial, des comportements et de la communication entre les membres du groupe. Il est par conséquent impératif d'avoir une bonne connaissance des besoins vitaux et éthologiques du chien, pour comprendre ses comportements dans un environnement donné et corriger, voire anticiper, ses réactions. Une réaction inadaptée du maître risque d'aggraver les problèmes, en les renforçant, voire en les induisant involontairement.

Attention : Vérifiez que le professionnel ou l'éducateur de club canin adopte une approche systémique du problème lorsqu'il vous donne des solutions. Il doit vous poser de nombreuses questions et voir par lui-même comment se comporte votre animal pour vous apporter une réponse efficace. Méfiez-vous des solutions apportées sans cette discussion et n'hésitez jamais à poser des questions.

Le « syndrome de privation sensorielle » ou « syndrome du chenil » est à l'origine de nombreux troubles. Ce syndrome se caractérise par une incapacité du chien à s'adapter aux situations nouvelles. Il est dû à un manque de stimulation du chiot lors de son développement, qui n'a pas vécu assez d'expériences différentes. Devenu adulte, le chien éprouve de grosses difficultés à s'adapter aux nouvelles situations ou à ses nouvelles conditions de vie, ce qui induit des troubles émotionnels.
Lorsqu'un chien de plus de 8 semaines est adopté, il met entre 2 et 5 jours pour s'adapter et assimiler toutes les nouveautés qui lui sont imposées. Un chien qui souffre du syndrome de privation sensorielle n'y parvient pas. Il se rabat sur un membre du « groupe familial », une personne ou un animal auprès duquel il conserve son comportement infantile. Il se cache, ne joue pas ou très peu, mange la nuit dans le noir et peut montrer des troubles de la propreté.

Le syndrome de privation sensorielle comporte 3 stades :

- Stade 1 : le chien souffre d'une phobie simple qui parfois dégénère en phobie complexe. Il peut se montrer agressif.
- Stade 2 : le chien est anxieux et inhibé, tout changement dans ses habitudes entraîne un repli sur soi. Il se cache et mange la nuit. Dès qu'une nouveauté se présente, il prend la posture dite « d'attente » (il se tient à distance, les oreilles en arrière, le fouet entre les pattes,

ses muscles sont tendus, il est prêt à fuir, il tend la tête vers l'objet, et guette tout mouvement).

- Stade 3 : le chien est dépressif. Il vit caché, geint très souvent, il souffre d'anorexie, d'hyposomnie (insuffisance de sommeil) et peut même faire ses besoins dans sa zone de couchage. L'évolution est variable selon les stades.

Si le chien est au stade 1, il peut guérir assez facilement. En revanche, les 2 autres stades entraînent souvent une anxiété, une hyper-agressivité, un hyper-attachement (voir plus bas), une boulimie ou des automutilations. Il faut donc traiter à la fois le syndrome et ses conséquences, ce qui rend la tâche beaucoup plus ardue. Ceci est d'autant plus intolérable que la responsabilité en incombe entièrement à l'éleveur.

Lorsqu'un chien fait une nouvelle découverte, il éprouve un conflit appelé attraction-répulsion. Il éprouve à la fois une attirance curieuse et un sentiment de peur. Suivant l'âge et le tempérament du chien ce conflit peut prendre plus ou moins de temps, voire ne pas être visible. Dans certains cas, il peut entamer une danse en s'avançant, puis en reculant et en se rapprochant à nouveau. Puis, il va se figer et l'une des deux forces va l'emporter. Le chien souffrant du syndrome de privation sensorielle manifeste les deux comportements caractéristiques que sont la « **posture expectative** » et « **l'exploration statique** ».

La posture expectative : le chien se fige dans ses déplacements et attend, parfois la patte levée. Il peut rester dans cette position longtemps, il semble attendre quelque chose sans savoir quoi.
L'exploration statique : le chien semble être au ralenti. Il se bloque à une certaine distance de l'objet nouveau, les membres ramassés, les oreilles en arrière, le fouet sous le ventre, et il tend le cou pour flairer du bout de la truffe, puis, le plus souvent, se détourne. Il peut se mettre à trembler ou se rapprocher de l'objet en rampant.

Lorsque votre chien adopte au moins un de ces deux comportements, il souffre sans nul doute du syndrome de privation sensorielle. Il faut mettre tout en œuvre pour l'en débarrasser le plus tôt possible. En premier lieu, consultez votre vétérinaire pour confirmer votre impression. Il prescrira, si besoin, un traitement médicamenteux associé à une thérapie comportementale. Le principe de cette thérapie est simple : multiplier les expériences, sans jamais brusquer ni contraindre le chien. Il faut réadapter le chien à la vie en société dans votre environnement.
Pour réadapter le chien, on appliquera de préférence les techniques suivantes :

- **La désensibilisation systématique :** l'animal est confronté au stimulus déclencheur du comportement indésirable en augmentant très progressivement l'intensité de ce stimulus. Lorsque le chien n'a pas sa réaction habituelle de peur en présence du stimulus déclencheur, on le félicite, avec récompense de préférence, puis on augmente légèrement l'intensité du stimulus. Dès lors que le chien a une réaction de peur, on ignore cette réaction et on reprend l'exercice de désensibilisation en diminuant l'intensité du stimulus. Cette technique ne doit s'appliquer qu'à des stimuli parfaitement contrôlables. Elle se révèle peu efficace pour lutter contre la peur de l'orage par exemple. Elle l'est en revanche lorsque la progression dans l'intensité est parfaitement maîtrisée (peur d'un vélo, d'un aspirateur, d'un lieu, par ex.). Il est très important d'attendre qu'un degré d'intensité du stimulus n'entraîne aucune réponse avant de passer à l'étape suivante. Il faut être patient et procéder très lentement pour que votre chien ne ressente aucune angoisse lors de la désensibilisation. Si vous allez trop vite, elle n'aura aucun effet positif.

- **Le contre-conditionnement** consiste à créer un conflit de motivation. Il permet d'apprendre un nouveau comportement face au stimulus de peur. Pour cela, on plonge complètement le chien dans une activité, ludique généralement (les jeux de balles sont souvent les plus efficaces). On applique alors le stimulus déclencheur du comportement indésirable. On peut aussi utiliser des exercices d'obéissance (suite de positions assis, couché, debout, par ex.), mais de manière ludique, avec le sourire et en récompensant très souvent votre chien (voix ou friandise). Cette technique fonctionne très bien lorsqu'on est aidé par la présence d'un congénère qui n'a aucun souci avec le stimulus. Le contre-conditionnement est plus efficace quand il est appliqué en complément de la désensibilisation. Il est impératif d'utiliser un renforcement positif très motivant pour appliquer cette méthode.

Pour ces deux techniques, la répétition est la clé de la réussite. Vous n'obtiendrez des résultats qu'au prix de 500, voire 1 000 expériences. Ces méthodes peuvent prendre plusieurs semaines, voire plusieurs mois pour aboutir. Ne vous découragez surtout pas, restez motivé, serein, patient et surtout ne vous précipitez pas. N'hésitez pas à faire appel à un professionnel qui saura vous guider et vous motiver.

Quel que soit le trouble dont souffre votre chien et les symptômes apparents, **le punir ne sert à rien**. Ce ne sont pas les effets mais la cause qu'il faut traiter. Dans leur grande majorité, les troubles proviennent d'une pathologie ou sont liés au stress et à l'angoisse. Les manifestations désagréables du trouble ne sont donc pas des fautes de conduite, mais des pertes de contrôle. Punir un chien malade est aberrant et punir un chien stressé va augmenter cette angoisse et fera plus de mal que de bien. De même, il faut éviter de le cajoler, le prendre dans ses bras ou lui parler d'une voix douce lorsqu'il manifeste de la crainte. En agissant de la sorte, vous lui enverriez le message « tu as raison d'avoir peur, il y a un vrai danger et je suis là maintenant pour te protéger », ce qui entraînerait une augmentation de ses peurs. Il faut, au contraire, banaliser la situation qui engendre le comportement gênant en restant neutre dans son attitude.

Régler le problème du syndrome de privation sensorielle est une tâche difficile et de longue haleine, mais pas impossible. Il faut se fixer des objectifs simples et précis et travailler en séquences. Une fois un objectif atteint, on passe au suivant. Il faut accepter les « retours en arrière » sans se décourager. Ils font partie du processus et même s'ils vous donnent l'impression de régresser, ils sont en fait une véritable étape vers le succès. Chaque progrès réalisé par votre chien est mémorisé, même si vous ne vous en apercevrez que plus tard. Placez-le dans les conditions optimales pour réussir : dans un lieu rassurant, soyez joyeux et motivé, récompensez abondamment, soyez attentif à ses réactions. Cessez de travailler dès que le chien, ou vous-même, manifeste un sentiment négatif.

L'ANXIÉTÉ, À L'ORIGINE DE LA MAJORITÉ DES TROUBLES

L'anxiété est sans doute à l'origine de la majorité des stéréotypies. Il est donc important de savoir comment elle apparaît et évolue afin de tout mettre en œuvre pour l'éviter.

L'origine de l'anxiété peut :

- provenir des expériences vécues par votre chien, lors des étapes du développement ou même de manière très récente ;
- ou être d'ordre pathologique, due à des lésions ou à une anomalie génétique.

Quelle qu'en soit la cause, l'anxiété se développe lorsque le chien est soumis à un stress et qu'il ne peut y apporter les réponses usuelles d'évitement.

Pendant la gestation, les angoisses vécues par la mère peuvent occasionner des stress sur les petits. Après la naissance, dès son plus jeune âge, le chien fait des expériences qui vont l'imprégner. Ses premiers moments partagés avec sa mère et sa fratrie, les conditions dans lesquelles il vit chez l'éleveur, les stimuli auxquels il est soumis, les rencontres (animaux et êtres humains) sont autant de facteurs qui peuvent jouer sur l'anxiété future du chien. Il est donc capital de bien s'occuper du chiot dès sa naissance. Pour cela, il est impératif de bien identifier les besoins de sa nature de canidé. Par exemple, le chien étant un animal sociable, il a besoin de compagnie. La solitude n'est absolument pas naturelle pour lui et représente une épreuve. La présence de congénères ou de représentants d'autres espèces est sécurisante. L'absence du maître est par conséquent une cause d'anxiété pour tous les chiens. De la même façon, le chien a besoin d'ordre et de clarté dans les relations et la communication. Toute situation qui ne sera pas clairement explicite pour lui sera génératrice d'angoisses. Ainsi, si les rapports « hiérarchiques » ne sont pas clairement définis, c'est-à-dire si vous n'apparaissez pas comme le leader naturel, le chien va éprouver un stress permanent qui va devenir source d'anxiété.

Le syndrome de privation sensorielle est l'une des principales causes d'apparition de l'anxiété. Le chien ne peut pas apprendre à connaître suffisamment son environnement, et par la suite il devient incapable de s'y adapter. L'anxiété du chien va être la conséquence de cette incapacité à s'adapter.

Une mauvaise communication est aussi très souvent à l'origine d'un problème d'anxiété. Cela arrive fréquemment lorsqu'on acquiert un nouveau compagnon pour combler le vide laissé par la perte d'un chien. Le maître compare l'ancien chien et le nouveau, et attend que ce dernier agisse de la même manière que son prédécesseur, ce qui perturbe la relation maître-chien. Le chien se voit dans l'impossibilité de satisfaire son maître et celui-ci se croit incompris par son animal. Cette mauvaise relation entraîne des tensions qui créent à leur tour de l'anxiété.
Lorsqu'on perd un chien, il est nécessaire d'attendre quelque temps et de mûrir sa réflexion avant d'en acquérir un nouveau. Il est aussi plus facile, pour éviter au maximum ce phénomène de transfert, de choisir un compagnon morphologiquement différent.
Cette mauvaise communication arrive aussi lorsqu'un chien adulte change de conditions de vie (adoption, par ex.). Le changement de « famille » crée inévitablement des modifications des modes de communication. Le chien n'obtient plus la réponse attendue lorsqu'il émet un message. Les relations deviennent de plus en plus équivoques et le chien, qui ne parvient pas à se faire comprendre, éprouve une angoisse croissante. Lorsqu'on acquiert un chien adulte, il ne faut donc pas croire qu'il va s'adapter sans problème et du jour au lendemain à votre mode de communication.

Certains préfèrent prendre un chien adulte en pensant qu'ils n'auront pas à l'éduquer. Si quelques apprentissages sont acquis (propreté ou ordres de base…), il est nécessaire, comme avec un chiot, d'être patient afin de créer le lien relationnel obligatoire. Le chien ne demande que ça, il est à votre écoute et prêt à tout pour vous satisfaire. À condition d'être attentif à son comportement et à ses besoins, il vous sera facile de tisser ce lien qui permet une vie en harmonie avec votre animal.

Vouloir rassurer son chien, ou vouloir le prémunir d'un danger potentiel de manière irréfléchie peut se montrer contre-productif et engendrer doute et angoisse.
Ce phénomène se rencontre souvent avec les maîtres de chiens de petite taille qui les prennent systématiquement dans leurs bras dès qu'ils aperçoivent un molosse ou un grand chien sous prétexte de le

protéger. Le chien est ainsi privé de la possibilité de vérifier s'il y a, ou non, un risque. Le chien, qui subit cette surprotection, assimilera tous les molosses à un péril éventuel et ressentira un stress intense à chaque fois qu'il en croisera un, dans les bras de son maître ou non. Ceci est prouvé par l'attitude de plus en plus agressive du chien envers le molosse, qu'il ressent comme une menace. Une autre conséquence est que le chien va généraliser cette impression de danger à chaque fois qu'il sera pris dans les bras, qu'il y ait un autre chien à proximité ou non. Le seul fait d'être pris dans les bras va devenir anxiogène. De la même manière, le chien qui vient de se faire mal, ou celui qui vient d'éprouver de la peur (suite à un bruit de tonnerre, par ex.) et qui vient d'être cajolé sous prétexte de le rassurer assimile le câlin à l'imminence d'une douleur ou d'un danger. Dans ce cas, le câlin devient source d'inquiétude.

C'est donc une frustration qui est le plus souvent à l'origine de l'angoisse. Cette frustration peut être ressentie lorsque le chien veut, ou doit, accomplir une action mais qu'il se voit dans l'impossibilité de la réaliser (le chien sent la nourriture mais n'arrive pas à l'atteindre par ex.). Elle peut aussi découler de la disparition d'une situation agréable pour lui (départ du maître ou d'un être rassurant, manque de stimulation, isolement forcé ou au contraire absence d'un lieu refuge pour lui, manque de marques d'intérêt, mauvaise communication…).

Si vous avez tout mis en œuvre (éducation, communication et relation) pour que votre chien n'éprouve pas d'anxiété, il se peut qu'il soit tout de même, pour des raisons médicales, sujet à des angoisses excessives. Cela peut faire suite à des lésions cérébrales. Certaines maladies, comme la maladie de Carré, l'utilisation de drogues (produits dopants pour les chiens sportifs) ou la dégénérescence cellulaire due à l'âge peuvent entraîner ces lésions. Il se peut aussi que cette anxiété soit d'ordre génétique. En effet, de récentes études tendent à démontrer que l'hérédité joue un rôle non négligeable. S'il n'existe, à l'heure actuelle, aucune trace de l'existence d'un « gène de l'anxiété », la faculté d'adaptation semble être liée au patrimoine génétique du chien. Une chienne stable et bien équilibrée va donner le jour à des chiots bien armés psychologiquement pour s'adapter aux modifications environnementales qu'ils vont subir. À l'inverse, une mère stressée développera une hormone, l'ocytocine, qui en grande quantité conduira à la naissance de chiots très sensibles au stress. Chaque individu aurait donc dès sa naissance une prédisposition bien définie à l'anxiété.

Polyphagie : augmentation de l'appétit.
Potomanie : besoin de boire constamment.

Certaines angoisses n'entraînent pas de réaction violente ou vraiment dérangeante mais plutôt une inhibition comportementale, c'est-à-dire un comportement autocentré généralement accompagné d'activités substitutives : **polyphagie** jusqu'à l'obésité, **potomanie** ou activités de léchage intenses (provoquant des lésions cutanées, voire de l'automutilation). Hormis les problèmes de malpropreté (**incontinence** ou **encoprésie**) ou les blessures, ces manifestations ont tendance à moins alarmer le maître, voire à ne pas l'inquiéter du tout. Cette inhibition comportementale peut se traduire par une **hyporexie**, voire une anorexie, une **adipsie**, un **syndrome de pica**, une **hypersomnie**, une diminution de l'exploration, des plaintes et des gémissements, une prise de posture de soumission, un désintérêt pour les activités habituelles, une inhibition motrice…

Dans le cas de l'inhibition motrice, le chien adopte une posture de soumission et peut même se trouver en état de **catalepsie**, s'accompagnant généralement d'activités substitutives. Certains cas peuvent être très graves puisque le chien peut simuler une paralysie ou une perte de sensibilité (vue, ouïe, odorat).

Incontinence : émission d'urine contrôlée ou non.
Encoprésie : défécation involontaire ou délibérée dans des endroits non appropriés.
Hyporexie : perte d'appétit.
Adipsie : absence de soif.
Syndrome de pica : trouble psychologique qui se caractérise par l'envie impulsive de consommer des objets ou substances non comestibles.
Hypersomnie : somnolence excessive.
Catalepsie : absence complète de mouvement des muscles.

Ces comportements sont à prendre très au sérieux car ils indiquent que le chien souffre d'un état d'angoisse quasi permanent, voire d'une dépression.

Chez le chien, le processus de généralisation est naturel : le chien répondra de la même façon à un stimulus similaire. Le chien qui a peur du tonnerre adoptera le même comportement lorsqu'il entendra un bruit proche (moto qui pétarade, pétard, tambour…).

Il est important que ce phénomène ne se produise pas en ce qui concerne l'anxiété. Lorsque cela arrive, on parle de phobie complexe, extrêmement difficile à solutionner. C'est pourquoi il faut être particulièrement vigilant pour déceler l'anxiété dès son apparition. Comme l'angoisse peut avoir plusieurs origines et se manifester de diverses manières dont certaines peuvent sembler anodines, il faut être particulièrement attentif pour analyser les situations et réagir au plus tôt. Plus l'angoisse sera installée dans le comportement habituel du chien, plus il sera long et délicat de la solutionner.

Pour lutter efficacement contre l'anxiété, on peut utiliser plusieurs techniques qui dépendent des comportements du chien. La désensibilisation et le contre-conditionnement vont être les premières mises en place mais elles pourront être complétées par d'autres :

- **L'habituation**. Le principe est simple : la réponse à un stimulus précis apparaît aussi lorsqu'on présente un stimulus similaire (très proche) mais non identique. Cette technique est très efficace lorsque la réaction de peur est d'intensité modérée et sur les jeunes chiens. La réaction finit par s'estomper avec la répétition des expériences. L'habituation fonctionne bien sur les troubles liés au son. Elle a prouvé son efficacité pour traiter les phobies, l'anxiété, le syndrome HS-HA ou les troubles du comportement tels que le ***tail chasing*** ou la malpropreté. Son inconvénient majeur est qu'il faut exposer régulièrement l'animal à une situation stimulante. Pour être pleinement efficace, il faut aussi procéder en augmentant très progressivement l'intensité du stimulus.

Tail chasing : action de courir après sa queue.

- **La disruption**. Ici, il faut faire cesser, sans violence, un acte indésirable au tout début de la phase appétive pour orienter le chien sur un comportement désiré : taper dans les mains, siffler fort, utiliser un objet qui fait du bruit ou un pistolet à eau… L'animal s'interrompt un bref instant pour identifier ce nouveau stimulus. C'est à ce moment que l'on peut capter son attention et utiliser une autre technique de contre-conditionnement afin de modifier le comportement du chien. Elle doit impérativement s'accompagner immédiatement d'un renforcement positif très intéressant pour le chien (friandise, jeu, caresses…). Si l'activité proposée est trop tardive, le chien risque de ne plus répondre au stimulus disruptif.

Les colliers vibrants ou électriques vendus pour effectuer cette technique doivent toujours être utilisés en dernier recours et avec d'infinies précautions. Si vous tenez absolument à essayer ces colliers, il est impératif de demander des conseils à des spécialistes avant la première utilisation.

- **La régression sociale dirigée**. Elle consiste à retirer au chien les prérogatives de leader qu'il aurait pu s'attribuer pour les restituer au maître. Des mesures simples mais énergiques doivent être prises. La gamelle n'est donnée au chien qu'après que le maître ait mangé

(ou 1 h avant) et lui est retirée 10 min après, qu'elle soit vide ou pleine. Le maître passe toujours le premier les portes. Le lieu de couchage du chien est placé dans un coin (pas devant une porte, dans un couloir ou sur le palier) et surtout pas dans un lieu de passage ni en hauteur (pas de canapé, de fauteuil et encore moins de lit). Si le chien est couché, ne surtout pas l'enjamber ni le contourner mais le faire se déplacer pour vous libérer la placc. Une pièce de la maison devient interdite (en particulier les chambres à coucher). Si le chien vous sollicite pour un câlin, un jeu, de la nourriture ou une promenade, refusez systématiquement, en montrant votre mécontentement, par un « Non ! » sec, s'il insiste. En revanche, vous pouvez l'appeler à volonté pour ces activités mais il faut veiller à cesser avant que le chien ne le veuille.
Cette technique doit être mise en place progressivement pour ne pas provoquer une perte brutale de tous les repères pour le chien et ne doit pas être appliquée sur un chiot. En cas de doute, interrogez un professionnel.

- Le détachement. Le détachement est une évolution normale dans la vie du chiot. Il commence vers l'âge de 3 mois. La mère diminue les soins et les attentions aux chiots de manière progressive. Elle devient moins protectrice tout en adoptant un comportement plus « sévère ». Petit à petit, le chiot perd ses droits (de téter, de dormir près de sa mère, de manger avant qu'elle n'ait fini son repas...) et acquiert les règles hiérarchiques.
Lorsque le chiot arrive chez vous, vers l'âge de 2 mois en général, vous devez absolument jouer ce rôle. Cela se fait progressivement et jamais de manière brutale ou abrupte.

Le détachement du chiot qui arrive chez vous

Accueillez le chiot dans sa nouvelle maison dans le calme et la sérénité, en évitant toute l'excitation qui accompagne habituellement ces moments. Petit à petit, lorsque le chiot a bien pris ses marques, mettez le détachement en place. Ne répondez plus à toutes ses sollicitations, mais restez le plus souvent possible à l'initiative du contact. Ne l'autorisez plus à vous suivre partout à longueur de temps. Trouvez-lui un lieu de couchage en dehors des lieux de passage, d'où il ne peut pas savoir tout le temps où vous êtes (pas de couloirs, de hall, de centre de pièce, de devants de porte…). Si vous changez son panier de place, faites-le progressivement.

Il est également important de ne pas donner trop d'importance à ses éventuelles bêtises. Il faut éviter que le chien n'adopte un comportement déviant pour attirer votre attention. Si vous le prenez sur le fait, réprimandez-le en adaptant la sanction à la gravité de la faute. En revanche, si la bêtise est commise en dehors de votre présence, ne le grondez surtout pas mais ignorez l'acte et ses conséquences (dégâts, souillures…). Dans tous les cas, rangez et nettoyez sans qu'il vous voie le faire. Lors de cet apprentissage du détachement, il est aussi primordial de travailler la socialisation. Cela montrera au chiot que vous n'êtes pas le seul être vivant intéressant.

Présentez-lui d'autres chiens, de toute taille et de tout âge (en bonne santé) ; mettez-le en présence d'autres animaux d'espèces différentes. Lors de ces expériences, soyez vigilant mais laissez-lui une assez grande autonomie (pas de laisse, pas de bras), il doit faire lui-même ses expérimentations. Soyez présent mais pas trop. Il est aussi important qu'il puisse multiplier les expériences : se promener à proximité d'un marché ou d'une cour d'école lors de la récréation, faire une balade en voiture, en ville, ou encore une visite de courtoisie (sans soins) chez le vétérinaire, passer un moment chez des amis ou de la famille… Il faudra simplement veiller à ce que ces expériences soient de courte durée pour ne pas être traumatisantes.

Pour finir, enseignez-lui à gérer votre absence. Commencez par travailler « l'absence à vue ». Éloignez-vous de lui, chaque jour un peu plus loin, sans qu'il puisse vous rejoindre mais en faisant attention qu'il puisse vous voir. Une fois cette « absence à vue » maîtrisée, passez à « l'absence hors vue » (le chien ne peut vous atteindre et ne peut plus vous voir).

Vous pouvez utiliser une barrière pour enfants pour vous aider mais surtout n'attachez pas votre chien. L'important est de ne pas générer d'angoisse, donc de faire les choses très progressivement dans le temps. Il vous faudra plusieurs jours, voire plusieurs semaines pour arriver à « l'absence hors vue ».

Le chien doit associer votre départ et votre retour à sa bonne conduite et à votre satisfaction. Pour cela, il faut toujours récompenser le chien *avant* que n'apparaissent des comportements d'angoisse. Si votre chien geint ou aboie, c'est que vous êtes allé trop vite dans le processus. Reprenez alors l'exercice, plus près et à vue. Pour faciliter cette phase d'apprentissage, il est important d'habituer le chien à passer quelque temps en dehors de votre compagnie, voire

seul dans une autre pièce, lorsque vous êtes à la maison, dès les premiers jours.
Lorsque vous devez vous absenter, assurez-vous que le chien ne manque de rien : une gamelle d'eau fraîche bien pleine, des jouets, un vêtement avec votre odeur. Laisser la télévision, ou mieux la radio, allumée permet de faire patienter votre chien qui a l'impression d'une présence. Si le chien est propre, vous pouvez également profiter de votre départ pour lui donner à manger. Il peut être efficace de lui faire faire un peu d'exercice physique en le promenant et en l'incitant à courir avant de vous absenter. Ainsi, au retour à la maison, il voudra se détendre et se délasser.

Évitez de ritualiser votre départ. N'effectuez pas toujours les mêmes gestes dans le même ordre, ne le câlinez pas avant de partir : sortez simplement et naturellement. De même, à votre retour, ne le cajolez pas « gratuitement », mais faites lui prendre plusieurs positions, assis puis couché, avant de le féliciter en le caressant ou en jouant avec lui.
Ce ne sont là que quelques exemples de ce qu'il faut faire pour que le chiot se détache de vous.

Ce détachement ne signifie pas que votre chien sera indifférent, ni que vous ne l'aimerez plus. C'est au contraire lui donner la possibilité de vivre sans angoisse.

- **La technique de motivation**. Son intérêt est de relancer l'activité du chien tout en renouant un lien avec le maître. L'agility donne d'excellents résultats dans ces cas-là, mais des jeux simples conviennent : cache-cache, recherche de friandises, donner la patte ou exercice de fixation sur le maître (à éviter en cas d'hyper-attachement).

L'apaisine canine ou DAP (*Dog Appeasing Pheromones*), une phéromone d'apaisement, est très efficace pour lutter contre bon nombre d'angoisses.
L'apaisine est secrétée par la chienne lorsqu'elle vient de mettre bas jusqu'à ce que les chiots puissent se déplacer. La chienne la sécrète

par ses mamelles et les museaux des chiots s'en imprègnent lors de la tétée. La mère peut alors quitter la couche en laissant ses chiots qui pensent qu'elle est toujours présente.
Cette phéromone est vendue sous forme de collier, de pipette de diffuseur ou de spray sous le nom « Adaptil » en magasins spécialisés, pharmacies ou chez les vétérinaires. Sans danger, elle est très efficace. L'apaisine canine est très utile pour lutter contre le stress du transport. Son efficacité sur le halètement, l'hyper-salivation, les tremblements, les vomissements ou les diarrhées a été cliniquement prouvée. Elle lutte aussi contre la peur des pétards, en particulier lors des feux d'artifice. Bien entendu, mettre un collier d'apaisine sur un chien qui a peur des détonations ne lui permettra pas d'assister avec vous dehors à ce type de spectacle, mais les manifestations de stress (halètement, tremblements, signes de panique, tentatives pour se cacher ou s'échapper, aboiements, destructions…) seront grandement diminuées. Elle est également très efficace pour lutter contre l'anxiété de séparation.
Si votre animal souffre d'une angoisse ou de stress, n'hésitez pas à parler de cette phéromone à votre vétérinaire.

Lorsqu'on veut résoudre l'anxiété et les troubles qui l'accompagnent, le maître doit se comporter de manière prévisible pour son animal. Il doit aussi reconnaître très rapidement les déclencheurs de l'anxiété. Cette connaissance lui permettra de gérer les imprévus, voire de les anticiper, ou d'interrompre, sans traumatisme, le comportement indésirable dès le début de la séquence. Il doit enfin être attentif aux signaux émis par le chien pour pouvoir rapidement identifier, en toutes circonstances, ceux qui pourraient révéler un début d'angoisse.
Il faut également utiliser le renforcement positif et la punition de manière juste, cohérente et compréhensible pour le chien. Dans le même temps, le maître doit identifier et cesser les renforcements involontaires des comportements indésirables.
Exemple : évitez de caresser ou de réprimander un chien qui a peur, de gronder le chien qui explore les fèces de ses congénères et évidemment supprimez toute punition injustifiée au point de vue canin.

Le maître ne doit jamais se trouver dans une situation qu'il ne peut pas contrôler ou à laquelle le chien ne peut pas s'adapter.

Ce travail est souvent difficile et contraignant car le maître doit changer ses habitudes. C'est pourquoi cette approche est grandement facilitée lorsqu'elle est guidée par votre vétérinaire ou par un éducateur canin compétent. Ce professionnel prendra le temps de discuter avec vous des soucis rencontrés, vous posera de nombreuses questions et établira un diagnostic. La personne qui vous aidera doit identifier vos mauvaises habitudes, les erreurs que vous avez pu commettre afin de vous donner des solutions. Le travail sera planifié en séquences avec des échéances et des objectifs précis. Il visera l'amélioration des conditions de vie de chacun. Le professionnel identifiera les problèmes liés à la structure de l'habitation, expliquera le comportement de l'animal et donnera des indications pour une meilleure compréhension entre le maître et le chien.

Lorsqu'un chien est anxieux, il cherche un exutoire et développe le plus souvent des comportements destructeurs, qui dégénèrent ensuite en stéréotypies. Si on agit, on peut diminuer considérablement cette angoisse et une fois l'anxiété réduite, ces stéréotypies disparaissent rapidement. Quel que soit le problème rencontré, sachez qu'il existe généralement des solutions, souvent simples à mettre en œuvre, pour le régler définitivement. Il vous suffit d'être conscient du problème, de sa cause et de faire preuve de rigueur, de patience et de détermination.

Très important

Lorsqu'un chien agit, ses sens sont mobilisés à 90 % sur cette action. C'est pourquoi il est impératif d'attirer son attention avant de lui donner un ordre. Ce n'est pas qu'il ne vous écoute pas, mais simplement qu'il ne vous entend pas.

COMPORTEMENTS GÊNANTS

« Je crains que l'animal ne considère l'homme comme un semblable qui a, de la manière la plus dangereuse qui soit, perdu sa bienfaisante animalité. » F. NIETZSCHE

MON CHIEN EST AGRESSIF

L'agressivité représente la première cause d'abandon en France et de nombreuses euthanasies sont aussi pratiquées suite à un épisode violent. **L'agressivité est normale quand elle est liée à l'instinct de survie** (chien qui se fait lui-même agresser ou qui est menacé). Mais quand, par exemple, le chien veut remettre en cause les règles de vie établies, elle devient inacceptable et doit être systématiquement sanctionnée. Les chiens agressent très rarement sans avoir au préalable envoyé des avertissements pour prévenir qu'ils n'étaient pas dans de bonnes dispositions.

Les seules exceptions à cette règle sont les cas de l'agression instrumentalisée (le chien a suivi un apprentissage au mordant) **ou de l'hyper-agressivité** (une pathologie). Elle se manifeste par un comportement impulsif et sans cause réelle due à une maladie ou à un trouble du comportement. Le chien attaque sans même savoir pourquoi, son comportement est totalement inadapté à la situation dans laquelle il se trouve. Il est donc très difficile, voire impossible de la prévenir. Cependant, une bonne connaissance de son chien et de sa pathologie permet d'éviter les situations dangereuses.

Deux tiers des décès occasionnés par des chiens concernent des enfants de moins de 15 ans. Les enfants de moins de 4 ans sont les plus exposés car ils provoquent le chien sans se méfier et sans comprendre les signaux de menace émis par le chien. Il est donc impératif d'expliquer le comportement des chiens aux enfants dès leur plus jeune âge et de toujours faire attention lorsqu'un chien et un enfant sont ensemble. **Surtout il ne faut jamais laisser un enfant, quel que soit son âge, seul avec un chien.** Ne jamais mettre non plus l'enfant et le chien seuls sur le siège arrière de la voiture même si vous êtes au volant.

Les principaux signaux d'avertissement d'une agression :
poil hérissé, babines retroussées, grognements, oreilles fixes (vers l'avant ou vers l'arrière), corps tendu.
Tous ces signaux ne sont pas toujours présents. C'est la phase de menace qui précède la morsure. Interpréter correctement ces messages, c'est pouvoir agir afin de désamorcer la situation de danger.

L'agression d'un chien se décompose généralement en 4 phases : la menace, l'attaque proprement dite, la soumission du vaincu et enfin, l'apaisement.

On peut distinguer plusieurs types principaux d'agressivité : l'agressivité de prédation, entre femelles, entre mâles, instrumentalisée, par peur, par irritation, compétitive ou territoriale. Si certaines peuvent être liées à un problème de hiérarchie (compétitive et territoriale), seules les agressions par peur, par irritation ou redirigée sont dues à un trouble du comportement ou une anxiété. Elles sont souvent très violentes car le chien ne contrôle absolument pas son comportement. Elles sont une réponse immédiate à un stress intense ou à une douleur fulgurante. La phase de menace est par conséquent réduite à sa plus simple expression, voire inexistante.

L'agression par irritation est soudaine et brève. Elle se rencontre particulièrement chez le chien vieillissant. Le chien a mal, il veut que ça cesse immédiatement, il n'a pas le temps de prévenir et passe directement

à la deuxième phase, l'attaque. Les douleurs sont souvent dues à de l'arthrose, des lésions cutanées, des plaies, des otites mais aussi des blessures telles que des entorses ou des fractures. Souvent, le maître excuse son chien sous prétexte qu'il souffre et ne le réprimande donc pas. Il arrive même que certains cajolent leur chien pour le réconforter. Cette réaction entraîne un bouleversement des relations car elle représente une victoire du chien accompagnée d'un renforcement positif (le retrait et le réconfort du maître). La peur de la douleur, et la remise en cause des relations hiérarchiques vont conduire à un comportement d'agression par anticipation. Le chien va pouvoir se montrer agressif par simple contact avec une personne qu'il percevra comme une menace susceptible de réveiller cette douleur. Il est donc impératif de sanctionner le chien qui vient de mordre. Les excuses que vous pourriez trouver à son comportement relèvent de l'anthropomorphisme.
Parmi les nombreuses conduites agressives, l'une des plus fréquentes est celle liée à la convoitise ou possession de nourriture ou d'un objet très important aux yeux du chien. Dans nos foyers, les chiens n'ont plus à chercher leur nourriture, le maître la leur apporte. Cependant,

la crainte réflexe d'un manque entraîne très souvent des réactions de stress et d'agression. Cette agression sera plus forte lorsque la nourriture sera très appétente ou le jouet très important aux yeux du chien.

Un chien ne devient pas agressif du jour au lendemain. Attention aux changements dans son comportement :

- les aboiements dirigés peuvent se révéler une menace ;
- les mordillements ne sont pas toujours liés à des comportements infantiles et certains regards soutenus peuvent être très explicites ;
- les grognements ne sont pas non plus systématiquement des manifestations de jeu.

Toute tentative d'agression, et à fortiori toute morsure quelle qu'en soit la gravité, doit être immédiatement et sévèrement sanctionnée. Les maîtres ont tendance à croire, à tort, que le fait de pincer ou de mordre brièvement en lâchant tout de suite est moins grave que celui de s'acharner. Ce n'est pas parce qu'il n'y a pas de blessure que le chien est moins dangereux, bien au contraire. Le plus souvent, le chien qui adopte ce comportement se sent sûr de sa force et de sa position et s'autorise un simple avertissement pour rappeler qui commande. Il est donc primordial de sanctionner et d'effectuer un travail de fond pour restaurer l'ordre hiérarchique.

À faire

- **Socialisez votre chien le plus tôt possible** en le faisant rencontrer d'autres chiens mais aussi d'autres espèces. Un club canin sera très utile.
- Gardez votre **calme** en toutes circonstances.
- **Soyez toujours à l'initiative des contacts**. Ignorez ses sollicitations de câlins mais appelez-le pour le caresser.
- Veillez à ce qu'il ait un **lieu refuge** bien à lui où personne ne va l'embêter.
- Apprenez à votre chien à tolérer la présence des enfants et aux enfants à bien se comporter en présence d'un chien.
- Réagissez immédiatement **à la moindre alerte**. Cessez toute interaction avec lui. Dans les cas de menace évidente, réprimandez-le et faites-lui exécuter quelques exercices d'éducation.
- Si la menace persiste, **isolez** votre chien quelques minutes (dans une pièce fermée), puis délivrez-le en adoptant une attitude de leader (caressez-le sur la tête, parlez d'un ton ferme…).
- Consultez des **professionnels** (vétérinaire, comportementaliste, éducateur canin) compétents pour vous aider.

- Le syndrome de privation sensorielle est à l'origine de la majeure partie des agressions par peur. Il est donc très important d'**habituer votre chien aux changements** et de multiplier les expériences, quel que soit son âge, pour augmenter ou entretenir sa capacité d'adaptation.
- Soyez toujours **attentif aux signaux émis par votre chien**, surtout lors des promenades ou des visites à votre domicile.
- Si votre chien menace ou est menacé par un congénère lors des promenades, captez l'attention de votre chien en plaçant une friandise devant sa truffe et reculez en l'appelant de manière enjouée. Placez-le dos à la menace et reculez lentement, demandez-lui de s'asseoir et récompensez-le.
- Donnez-lui un objet à mâcher, ou un os cru, et enlevez-lui quand bon vous semble après lui avoir ordonné de vous le rendre.
- Donnez-lui sa gamelle 1 heure avant ou après votre repas.
- Dans les cas extrêmes, apprenez-lui, de manière positive, le port de la muselière.

À ne pas faire

- Ne jamais banaliser ou pire ignorer une agression qu'elles qu'en soient la gravité et la cause.
- Ne jamais frapper votre chien. Il pourrait comprendre que vous entrez en compétition avec lui et engager un bras de fer.
- Ne jamais sanctionner trop sévèrement un chien pour tout et n'importe quoi. Il faut arrêter la réprimande dès que le chien montre des signaux d'apaisement.
- Si votre chien détaché et hors de votre portée menace quelqu'un, surtout ne pas crier et ne pas essayer de vous rapprocher de lui, il pourrait prendre cela comme une incitation à l'attaque. Le rappeler comme vous en avez l'habitude.
- Ne pas tirer sur la laisse à chaque fois que vous rencontrez un chien.
- Ne pas donner pas à votre chien des prérogatives (accès à la chambre, au canapé…) qu'il faudra lui retirer par la suite.
- Ne pas réprimander régulièrement des enfants, ou un congénère, devant votre chien.
- Ne pas obliger le chien à s'approcher directement de quelque chose qui lui fait peur.

Si vous avez le moindre doute concernant le comportement de votre chien, si vous éprouvez la moindre inquiétude pour vous, vos proches, si vous ressentez un début d'angoisse à l'idée de promener votre chien, consultez votre vétérinaire ou un professionnel afin de vous aider. **N'attendez pas un accident pour agir**. Comme pour tous les comportements gênants, croire que cela va passer tout seul est une énorme erreur. Dans le cas d'apparition de l'agressivité, l'attente est synonyme de risque majeur.

Règles d'or avec un chien

- Ne jamais approcher un chien inconnu de face et sans précaution.
- Ne jamais approcher un chien inconnu qui est seul et qui n'a pas la possibilité de fuir.
- Ne jamais crier et fuir un chien en courant.
- Ne jamais laisser un enfant jouer seul avec un chien.
- Ne jamais fixer un chien dans les yeux.
- Ne jamais déranger un chien lorsqu'il dort, mange, ou s'occupe de ses chiots.
- Ne jamais caresser un chien sans être assuré qu'il vous a vu et senti.
- Ne jamais poursuivre un chien.

MON CHIEN EST « DOMINANT »

Les dernières études tendent à prouver qu'il n'existe pas de relation hiérarchique inter-espèces. C'est-à-dire que vous n'êtes pas le dominant de la meute et que votre chien ne tente pas de vous soumettre. Il cherche simplement à améliorer son confort de vie au sens canin du terme.

La notion de relation dominant/dominé est très largement répandue, et quand un chien manifeste de l'agressivité envers un congénère, voire envers un être humain, qu'il n'obéit pas ou est difficilement contrôlable en promenade, le maître le qualifie généralement de « dominant ». Ainsi, il se dédouane de tout travail pour résoudre le problème (puisque cela serait le tempérament du chien !).

Être « dominant » ne signifie pas montrer les dents, grogner, ou se battre. C'est même tout à fait l'inverse. Plus un chien est haut dans la hiérarchie, moins il se montre agressif. Le leader donne l'exemple et garde son sang-froid. Les relations hiérarchiques dépendent, en outre, de la situation. Deux chiens peuvent donc être tour à tour « dominants » suivant les circonstances.

De plus, pour que le rapport de domination puisse s'établir entre deux chiens, il est nécessaire qu'ils puissent communiquer librement. Or, bien souvent, les contacts se font lorsque les chiens sont tenus en laisse par des maîtres inquiets et parfois maladroits. Ne pouvant fuir et se sentant protégé par son maître, le chien se montrera alors plus souvent agressif que s'il était libre de toute entrave. En fait de dominance, il s'agit en général d'agressivité. Elle provient, le plus souvent, d'un manque d'éducation ou de sociabilité, d'une envie de protéger son bien ou d'une angoisse, voire d'une pathologie. Il faut donc traiter ce problème d'agressivité après en avoir identifié l'origine.

Lorsque le chien n'exécute pas un ordre, il est nécessaire de vérifier si le chien est en mesure d'obéir ou non. Il faut vérifier dans quel état émotionnel il se trouve, s'il a entendu l'ordre, s'il l'a compris… Il faut également veiller à ce que l'exécution de l'ordre procure plus de plaisir au chien que la désobéissance.

Si vous pensez que votre chien est un « dominant », reprenez la base de son éducation en vous faisant aider par un professionnel au besoin.

MON CHIEN EST SOCIOPATHE

Cette agressivité sociale est entièrement due à des erreurs humaines. Considérer son chien comme un membre de la famille, voire un enfant, lui attribuer des pensées, des intentions, des raisonnements humains et ne pas lui donner sa juste place de chien engendre une incompréhension de sa part sur la façon de se comporter. C'est là qu'apparaît ce trouble « hiérarchique » appelé sociopathie.
Elle se développe, en général, à la puberté du chien. Le comportement du chiot change, ce qui s'accompagne de modifications hormonales et physiques. Le chien cherche à changer la place qu'il occupe dans la famille. Si le maître est trop laxiste, le chien va considérer que la place de leader est vacante et va vouloir s'en emparer. Les crises familiales (décès, séparation, conflits, perte d'un emploi...) peuvent favoriser son apparition (elle peut donc aussi survenir à l'âge adulte).
La sociopathie peut aussi être une conséquence de l'hyperactivité, surtout chez les chiens de grande taille, ou chez ceux qui aboient beaucoup. En effet, les maîtres, souvent par épuisement ou lassitude, cèdent des prérogatives à leur chien, qui se révèle un véritable tyran et devient donc dangereux.

Il est important de reconnaître au plus tôt les symptômes de la sociopathie afin de pouvoir agir efficacement :
- Le chien se bat pour (place sur un canapé, un jouet, une friandise, l'attention des autres...), et en particulier dans les contacts.
- Le chien sollicite son maître très souvent pour une caresse, de la nourriture, un jeu et peut se montrer insistant.
- Il ignore complètement les demandes du maître.
- Ses destructions se trouvent vers les issues (rideaux, portes, chambranles de fenêtres...) et les souillures, en évidence (au milieu de la pièce, dans les couloirs, voire en hauteur sur un meuble).

À faire

- **Agissez au moindre doute :** faites appel à des professionnels compétents, qui vous donneront les règles à suivre et vous diront com-

ment, dans *votre* situation, les appliquer (en particulier la graduation des étapes). Les cours d'éducation dans un club canin peuvent aussi être très bénéfiques pour resocialiser le chien.

- Le seul moyen de régler ce trouble est de passer par la **méthode de régression sociale dirigée** impliquant tous les membres de la famille.
- **Changez votre comportement progressivement, mais de manière rigoureuse et ferme :**
  - Commencez par contrôler les repas du chien (heure et durée).
  - Le travail doit ensuite porter sur la place physique du chien dans la maison (pièce interdite, lieux de couchage, priorité des humains pour franchir les portes…).
  - Simultanément, tous les membres de la famille en même temps doivent contrôler les contacts, en étant toujours à l'initiative du jeu, des sorties, des caresses… Il ne faut pas répondre aux sollicitations

Lorsque vous rentrez à la maison, le chien manifeste sa joie de vous retrouver mais aussi, et surtout, la fin de son angoisse d'avoir été seul, de manière exubérante. Très souvent, il vous saute dessus. Comme pour tous les autres problèmes, il est plus facile d'apprendre le comportement attendu que de corriger une mauvaise habitude.

du chien, l'empêcher de vous suivre partout ou de sauter sur les gens. Ce changement perturbera le chien, effectuez-le lentement.
- Pour éviter d'augmenter le stress du chien, ne franchissez jamais brusquement sa distance de sécurité quand il n'a pas la possibilité de reculer (lorsqu'il est attaché, sous un lit…).
- Si le chien s'isole volontairement (dans sa niche ou son panier, par ex.), n'allez pas le chercher physiquement, mais appelez-le d'une voix douce avec une friandise et jouez un peu avec lui.

À ne pas faire

- Ne pas attendre ce que vous, humain, considérez comme une véritable agression (morsure) pour agir. En réagissant au premier signe d'agression (au sens canin du terme), au premier grognement, les problèmes se résolvent très vite. Les conséquences de la sociopathie sont souvent très graves et conduisent la plupart du temps à l'euthanasie.
- Ne pas considérer qu'un petit chien est normalement plus hargneux qu'un grand : sous prétexte qu'il est petit et par conséquent pas dangereux, ne le laissez pas adopter des comportements agressifs (grognements sur un lit, aboiements dirigés…), qui se transforment en véritable sociopathie et peuvent entraîner des catastrophes, comme de graves morsures au visage.

MON CHIEN SAUTE

Le chien saute généralement sur les gens pour manifester sa joie, mais aussi pour attirer l'attention.
Quelle que soit la circonstance de ce comportement, il est gênant pour les êtres humains et il est nécessaire de le corriger le plus tôt possible. Cependant, il faut savoir qu'il est tout à fait naturel pour les canidés (regardez deux chiens qui jouent ensemble). Par conséquent, une correction sévère risque de transformer une manifestation de joie en quelque chose de beaucoup moins agréable.

Outre le fait que ce soit pénible d'avoir un chien qui nous saute dessus, cela peut devenir dangereux. Le chien peut griffer involontairement. S'il saute sur un enfant ou une personne fragile, il peut les faire tomber. Enfin, les gens peuvent se sentir attaqués, prendre peur et réagir violemment, ce qui peut provoquer une réelle agression du chien.

À faire

- **Restez calme**. Ne vous énervez pas, ne haussez pas le ton (cela renforcerait l'intensité du moment). Lorsque le chien saute sur les gens, corrigez-le d'un « non ! » ferme et calme et demandez une position « assis », pour calmer le chien mais en prenant garde de ne pas remuer les mains et sans le regarder.
- **Utilisez le renforcement avec la friandise, ou avec la caresse**, pour modifier cette manifestation intempestive. Avant d'entrer, munissez-vous d'une friandise et dès que vous ouvrez, exigez du

Comme pour tout apprentissage, la récompense passera par les différents stades (systématique, intermittente, aléatoire). Petit à petit, le chien comprendra que ce ne sont pas ses manifestations de joie exubérantes qui vous plaisent, mais une attitude calme. Son « bonjour » se transformera, naturellement et sans conflit, en position assise devant vous.

chien un « assis » en lui présentant la friandise. Dès que le chien prend la position attendue, agenouillez-vous calmement en le félicitant. Si le chien se relève, cessez les félicitations immédiatement, relevez-vous et recommencez la séquence. Si le chien devient trop insistant, tournez-lui le dos et croisez les mains sur votre poitrine.

- **Votre famille et vos amis seront des auxiliaires précieux** : demandez-leur de tourner le dos au chien, les bras croisés, lorsque celui-ci essaie de leur sauter dessus, pendant que vous lui ordonnez de s'asseoir.
- **Quand quelqu'un sonne à votre porte**, demandez à votre chien de s'asseoir avant d'ouvrir.
- **Lorsque vous êtes dehors**, si le chien manifeste l'envie de vous sauter dessus, tendez les bras vers le bas, paumes ouvertes vers le chien. Il viendra chercher votre main ; félicitez-le d'être resté au sol.

À ne pas faire

- Ne pas encourager ce comportement, même et surtout lorsqu'il s'agit d'un chiot, en le prenant dans vos bras, en lui permettant de se dresser sur ses pattes arrière, les pattes avant en appui sur votre jambe, ou lorsque vous êtes assis dans votre fauteuil en le laissant monter sur vous pour un câlin, lors de jeux ou pour lui mettre sa laisse. Lorsque vous désirez un contact avec votre chien, mettez-vous à sa hauteur.
- Éviter toute forme de brutalité comme lever le genou pour que le chien le heurte en sautant ou lui écraser les pattes. Sans faire d'anthropomorphisme, cela équivaudrait à donner une claque à quelqu'un qui vient vous dire bonjour de manière joyeuse.
- Ne pas ignorer totalement le chien en rentrant à la maison : cela peut être très mal vécu par le chien et générer des frustrations et des comportements déviants. Lorsque le chien manifeste une joie intensive de vous revoir (sauts, halètements, courses, vocalises, fuite urinaire…), c'est bien souvent parce qu'il a éprouvé une angoisse terrible en votre absence. Dans ce cas, ignorer le chien à votre retour est forcément une source d'anxiété supplémentaire.
- Ne pas attacher le chien, le mettre à l'écart, ni l'enfermer quand vous recevez du monde. Cela augmenterait son stress, le désocialiserait et pourrait le conduire à l'agressivité.

Demandez à tous ceux qui s'approchent du chien d'adopter la même attitude que vous pour que l'apprentissage soit cohérent et se généralise.

- Ne pas repousser physiquement le chien. Dans la plupart des cas, il prend cela pour du jeu, son excitation augmente et il tente d'attraper la main qui le bouscule.

Si votre chien saute sur les invités, apprenez-lui à bien se conduire :
- L'empêcher d'approcher tant qu'il n'est pas calme.
- Ne pas l'isoler dans une pièce voisine, cela romprait tout rapport avec les êtres humains, ce qui aggraverait son état, voire développerait de l'agressivité.
- Le tenir en laisse permet de mieux contrôler ses réactions.
- Demander aux invités de rester calmes et d'ignorer au maximum les manifestations du chien.
- Organiser des rencontres, à l'extérieur de la maison pour commencer, avec des amis.

Certains chiens ont du mal à s'asseoir à cause de l'intensité de leur excitation. Dans ces cas-là, utilisez un jouet mou que le chien prendra en gueule et secouera. Cela fera descendre d'un cran le degré d'excitation. Gardez le jouet près de la porte d'entrée, dans un endroit facilement accessible pour vous mais que le chien ne peut atteindre. Dès que vous rentrez ou que quelqu'un sonne, attrapez le jouet et lancez-le lui.

MON CHIEN DÉTRUIT

Les dégâts causés, même par un chien de petite taille, peuvent être considérables et leur multiplication, la fatigue nerveuse qu'ils représentent, les tensions familiales qui en découlent et leur coût financier conduisent bien souvent à se débarrasser de leur animal. Pourtant ce trouble du comportement est fréquent et peut se régler.

Attention

Les mordillements du chiot ne sont pas des destructions. Le chiot appréhende son environnement avec sa bouche et en rongeant les objets. C'est un comportement normal. Cette activité s'intensifie lors de l'apparition des dents définitives. C'est sans doute une réponse à l'irritation qu'il subit. Mais ce comportement ne disparaît pas automatiquement à l'âge adulte. En effet, parmi les chiens les plus destructeurs, on trouve principalement des jeunes adultes, de races sportives en général. Il faut alors simplement éduquer son chiot ou son chien à ne pas mordre tout ce qui est à sa portée. Vous pouvez par exemple badigeonner les pieds des chaises d'un produit amer (ou de moutarde forte) qui agira comme répulsif. Un chien ne se venge pas en détruisant. Penser que le chien détruit sciemment pour embêter son maître est une interprétation anthropomorphique de son comportement.

Pour éviter ces destructions, soyez attentif aux signaux émis par votre chien et rassurez-le dès que vous vous apercevez que l'angoisse apparaît et avant qu'il ne détruise. Vérifiez qu'il n'agit pas pour attirer votre attention et être cajolé. Reprenez les bases de la communication avec votre chien, avec un professionnel en cas de besoin.

Les véritables destructions sont dues à une angoisse ou à un stress intenses. Le chien qui détruit tente par une activité physique intense (mordillements, grattages, hurlements…) de se libérer de son stress. Il a du mal à s'adapter à une situation ou à un environnement et les destructions lui permettent de s'apaiser tout seul. Il faut distinguer les destructions en votre présence et celles commises en votre absence.

LES DESTRUCTIONS EN VOTRE PRÉSENCE

Elles sont essentiellement dues à un problème de communication. Le maître attend que son chien lui obéisse en pensant être compris. Cependant, le chien ne sait absolument pas ce qu'il doit faire, ce qui entraîne une angoisse intense. Il se met à mordiller, à courir, ou à aboyer.

À faire

- **Dites simplement « NON ! »** d'un ton ferme pour attirer son attention, puis, appelez-le après vous être accroupi ou assis par terre, une seule main tendue vers le chien, un sourire plaqué sur le visage et d'une voix enjouée. Si votre rappel est convaincant, le chien va se précipiter vers vous pour être rassuré (ce qui prouve qu'il ne vous déteste pas, ne veut pas vous nuire ou vous embêter).
- **Cajolez-le un peu, passez à autre chose, attendez qu'il se soit calmé.** Vous pouvez alors reprendre votre ordre en essayant d'être plus clair et plus précis, sur un ton calme.
- **L'exercice physique et les sorties fréquentes** peuvent aider à faire disparaître ce comportement destructeur.

À ne pas faire

Ne pas le gronder, même s'il est insupportable de voir son chien désobéir et détruire. Cela pourrait augmenter son angoisse. Il ne veut pas s'opposer à vous, mais au contraire ignore comment vous satisfaire et adopte alors un comportement de frustration. Il attend de voir comment les choses vont évoluer.

LES DESTRUCTIONS EN VOTRE ABSENCE

Elles sont beaucoup plus difficiles à gérer. Elles découlent, en général, d'une angoisse de séparation, d'ennui (lorsque mon maître est là, il interagit avec moi, mais seul, que faire ?) ou d'une incompréhension avant le départ du maître.

À faire

- **S'il s'agit d'angoisse de séparation**, les dégâts se situent en général près des portes donnant sur l'extérieur et des fenêtres qui lui permettent de vous voir partir.
- **En cas d'ennui, distrayez votre chien :** laissez la radio allumée (la télévision pourrait diffuser un programme bruyant, avec des coups de feu par ex., générateurs de stress). Laissez-lui des jouets, en particulier en caoutchouc creux et durs remplis de friandises adaptées (pâtés, fromages à tartiner, biscuits…).

Pour une plus grande durée d'utilisation, vous pouvez au préalable placer ces jouets remplis de pâte au congélateur. Les objets à mâcher en matière naturelle (peau de buffle, nerfs de bœufs, oreilles de porc…) peuvent aussi être efficaces. La durée de votre absence semblera beaucoup plus courte au chien s'il est occupé.

- **La cage de transport** (ou une niche munie d'une porte) peut être une bonne solution, sous réserve d'un conditionnement préalable et qu'elle ne soit jamais utilisée sous forme de contrainte : ne le forcez jamais à y aller, ne l'y enfermez pas comme pour le punir ou en fermant la porte. Le chien, quand il y a été convenablement préparé, voit la cage, non comme une prison, mais comme un lieu refuge dans lequel il peut jouir de son intimité. Laissez la porte ouverte et déposez-y toujours des jouets à l'intérieur, en particulier des jouets creux contenant de la nourriture.
- **Badigeonnez de moutarde, de piment ou d'huile piquante les objets que le chien a tendance à attaquer**. Cela l'empêchera de continuer à faire des dégâts. Mais il est fort probable qu'il cherchera d'autres cibles.

À ne pas faire

- En cas de destructions liées à une incompréhension, ou d'un sentiment de frustration, ne jamais laisser votre chien quand il est en proie au doute.
- Ne pas le gronder ! Le chien ne peut pas comprendre une punition qui ne serait pas concomitante avec la bêtise. La réprimande ne ferait qu'augmenter son angoisse et pourrait aggraver le phénomène.
- Ne jamais le laisser après une réprimande et ne pas l'enfermer dans une pièce comme pour une punition. S'assurer de son état d'esprit et, en cas de doute, interagir avec lui en faisant quelques exercices simples d'éducation (positions assis et couché) ou un jeu calme avant de partir.
- Ne pas réparer les dégâts devant le chien : la position à genou ou à 4 pattes est associée au jeu. Le chien pourrait être tenté de reproduire le processus qui a conduit à ce moment.

MON CHIEN EST SALE

Être propre, pour un chien, signifie « ne pas salir les lieux de couchage ou de repas ». Il faut donc éduquer son chien à la propreté au sens humain. On ne peut parler de trouble de la propreté que si cette éducation a été réalisée.

Un chien adulte peut se retenir au maximum 12 h. Ensuite, il va éliminer au sol, en tas et parfois même tenter de cacher ses selles. Il faut différencier l'accident occasionnel de la malpropreté permanente, seul cas où l'on parlera de trouble de la propreté.
De plus, les chiens isolés et enfermés lors de visites d'amis (ou plus grave, d'un autre chien) urinent très souvent après leur départ.

À faire en premier lieu

- **Consultez un vétérinaire** pour savoir si le problème est médical (cystites, malformations congénitales, troubles de la digestion) ou psychologique :
  - une chienne stérilisée peut présenter des fuites urinaires en vieillissant : elle souffre d'une carence hormonale qui doit être compensée par des médicaments ;
  - les vieux chiens atteints de sénilité oublient de demander à sortir.
- Vérifiez que vos murs ne sont pas la cible privilégiée d'un autre chien, que le vôtre sentirait et avec qui il voudrait communiquer (l'odorat du chien est beaucoup plus développé que le nôtre et le marquage extérieur est identifiable pour un chien à l'intérieur).
- Certains mâles marquent leur territoire si une chienne en chaleur est à proximité olfactive.

Voir page 94, « L'hyper-attachement ».

Une fois ces causes écartées, il faut déterminer l'origine du trouble : la fréquence, le lieu, la consistance et l'heure donnent des indications précises sur les causes de la malpropreté.

Les souillures nocturnes découlent le plus souvent d'une angoisse, résultant en général d'un changement de cadre de vie, même provisoire, ou de l'utilisation de méthodes « éducatives » coercitives.

Les souillures pendant la journée peuvent marquer un trouble des relations, une excitation excessive que le chien ne peut pas canaliser, un syndrome HS-HA (p. 101), une anxiété de séparation (p. 94) ou un syndrome de privation sensorielle (p. 37). Il est nécessaire de découvrir la cause de ces souillures car cela indique souvent un état de mal-être grave du chien. Il est aussi très important de vérifier qu'il n'a absolument aucun souci pour éliminer dehors, soit par crainte soit par excitation excessive.

À faire

- **Décalez les heures de sortie :** la dernière sera retardée et la première, avancée.
- **Promenez le chien plus souvent**.
- Essayez de déterminer le moment précis des souillures pour le devancer et sortir votre chien. En avançant progressivement la sortie, vous pourrez régler le problème.
- Clarifiez les relations et en particulier votre rôle de leader, notamment en supprimant au chien toutes les prérogatives qu'il aurait pu s'octroyer. Dans ce cas, la technique de régression sociale dirigée (p. 46) s'avère très efficace.
- **Jouez avec le chien**, faites-le se dépenser en pratiquant une activité physique avec lui.
- **Placez sa gamelle** de nourriture, d'eau ou même son panier **à l'endroit où il fait ses besoins** (si le chien change d'endroit, déplacez également la gamelle).

Si le chien urine quand vous rentrez à la maison

Deux cas sont à distinguer :

- Si la posture du chien indique une soumission, montrez-vous moins sévère avec lui. Rétablir une relation de confiance et non de crainte.
- Si sa posture indique une crainte ou une joie intense, le chien démontre par sa joie toute l'angoisse qu'il a éprouvé à rester seul. Il faut donc travailler le détachement et l'absence.

Dans les deux cas, n'aggravez pas la situation en le réprimandant ou au contraire en lui marquant trop d'intérêt.

Les solutions indiquées pour lutter contre le saut sont dans ce cas-là tout aussi efficaces. Évitez les « Non », « Sois sage », « Calme-toi » qui sont pour lui une réponse et par conséquent absolument contre-productifs. Ne le repoussez pas non plus. Le fait de rester neutre permet de tempérer l'émotion de votre chien. Cela prendra plus ou moins de temps, mais il se calmera de lui-même. Vous pouvez alors l'appeler pour un câlin amical et modéré pour ne pas relancer l'excitation.

À ne pas faire

- Ne jamais nettoyer devant lui.
- Ne jamais utiliser d'eau de Javel ou un produit contenant de l'ammoniaque, mais du vinaigre blanc additionné de jus de citron, qui désinfecte autant et évite de fixer les odeurs.
- Ne pas gronder ni punir votre chien si vous ne le prenez pas en flagrant délit. Il est très fréquent que le chien soumis adopte alors un comportement de coprophagie (voir p. 114).
- Ne pas le faire boire après 18 h en cas de mictions nocturnes.
- Les déjections faites à l'intérieur pendant la journée sur les lieux de passage ou en évidence sont un moyen pour le chien de dire à son maître qu'il peut tout se permettre. Il ne faut donc surtout pas réagir en faisant comprendre au chien qu'on a vu son message pour éviter d'entrer dans un échange.

L'ammoniaque fixe les odeurs. Vous inciteriez involontairement votre chien à revenir faire ses besoins au même endroit.

Le trouble de la propreté a le même mécanisme que celui qui entraîne des destructions :

- Les souillures en présence du maître sont souvent d'ordre relationnel. Soit le chien veut marquer son territoire devant son maître pour lui indiquer qu'il est « le chef », soit, au contraire, il se souille par crainte de son maître, sans aucun doute trop sévère. Pour les régler, il faut simplement rétablir une bonne relation harmonieuse avec son chien.
- Si le chien a fait ses déjections pendant votre absence, c'est qu'il a éprouvé une grande anxiété et n'a pas pu se contrôler. Le réprimander, sévèrement ou non, aggrave la situation en renforçant son stress. De même, le réconforter en lui manifestant trop d'attention le conforte également dans son sentiment d'anxiété. Le cajoler signifie pour lui « tu as eu raison d'avoir peur, maintenant que je suis là, tout va bien ». Il faut donc travailler le détachement et lui donner des objets pour qu'il ne s'ennuie pas lorsqu'il se retrouve seul.

MON CHIEN CHASSE

Il arrive fréquemment que les chiens tuent une poule ou un lapin, poursuivent un chat, voire agressent d'autres chiens... Ce type de comportement est tout à fait naturel puisque le chien est un canidé, descendant du loup et donc par essence un prédateur.

Ce comportement peut devenir embêtant lorsqu'on n'est pas chasseur, qu'on vit en ville avec des voisins qui ont des chats, qu'on croise des animaux (martres, écureuils, lièvres, marmottes, belettes, voire isards...) lors de promenades dans la campagne ou tout simplement lorsque le chien fugue pour assouvir cet instinct. Il peut aussi se révéler dangereux pour le chien qui essaie d'attraper une voiture qui passe par exemple. Il devient intolérable lorsque cette attitude de prédateur le conduit à attaquer un enfant, un joggeur ou un cycliste.

À faire

- Passez beaucoup de temps avec votre chien pour bien le connaître et anticiper ses réactions.
- Privilégiez les exercices d'éducation, emmenez votre chien dans un club canin, afin de satisfaire son besoin d'apprendre et de le fatiguer intellectuellement.
- Travaillez pour obtenir un excellent rappel.

À ne pas faire

- Ne jamais gronder ni punir votre chien quand il vient vers vous.
- Ne jamais l'encourager lorsqu'il adopte un comportement de prédateur. Par exemple, ne l'incitez pas à courir après les chats, en riant ou en criant « Attrape le chat ».
- Ne montrer aucun signe d'intérêt (positif ou négatif) si votre chien vous rapporte une proie. L'ignorer et faire disparaître au plus vite la proie sans être vu par le chien.

Travailler le rappel

Pour travailler le rappel, il faut que votre chien trouve plus intéressant d'être près de vous que tout ce qui peut se passer aux alentours (chiens qui jouent, chat qui court, lapin...). Il faut toujours utiliser le même mot (« Au pied », « Viens », « Ici »...). Travaillez de préférence dans un lieu clos, le chien en liberté. Sinon, munissez-vous d'une longe de 10 ou 15 m. L'attitude est primordiale. Le plus efficace est de s'accroupir le dos droit, de taper dans les mains et de l'encourager, en n'hésitant pas à monter dans les aigus. Mais le plus important est de sourire : ce n'est pas un ordre mais une invitation à revenir au pied pour recevoir des caresses, des récompenses ou son jouet préféré. Lorsque le chien est revenu, il faut le récompenser, le caresser et jouer avec lui quitte à le laisser repartir. Si besoin, contrôlez-le, en l'attrapant par le collier, très discrètement et continuez à le caresser. Il faut également éviter de le remettre en laisse pour rentrer. Pour que le chien revienne rapidement en toutes circonstances, il est primordial qu'il n'associe pas son retour avec une contrainte mais avec un plaisir partagé. Une autre technique qui fonctionne est de l'inciter au jeu. Ainsi lorsque votre chien s'éloigne, partez en courant dans l'autre sens et en l'appelant d'une voix aiguë et excitée. Il va penser que vous voulez jouer et se mettra à courir pour vous rattraper. Cette méthode ne fonctionne vraiment bien que si vous insistez et que vous lui avez donné l'habitude au préalable de jouer avec lui.

MON CHIEN VOLE

C'est l'un des problèmes les plus répandus avec un chien. Il est important de ne jamais gronder l'animal, même lorsqu'il est pris sur le fait, sinon il essaiera de voler en votre absence. C'est le problème de vol qu'il faut corriger et non le chien.
Le chien vole principalement de la nourriture, mais il peut très bien jeter son dévolu sur un autre butin, en particulier les chaussettes. Il va très souvent cacher ses prises dans un coin de la maison ou du jardin. Il est essentiel de ne jamais vous amuser d'un vol, quel que soit l'âge du chien.

À faire

- Si vous surprenez votre chien en flagrant délit, dites « Non » de manière sèche et dirigez-vous vers lui pour le sermonner.
- Grondez-le puis reprenez l'objet et faites le disparaître de sa vue.
- Si votre chien vole exclusivement un type d'objet, vous pouvez associer le vol de cet objet à une sensation désagréable ou un grand bruit (tas de cartons qui chutent, balai, produit amer ou très épicé, casserole en équilibre…). Vous pouvez aussi tester un répulsif mécanique avec détecteur de mouvements qui envoie un jet d'air comprimé ou d'eau dès que l'animal s'approche.
- Si vous trouvez sa cachette, enlevez tous les objets qui s'y trouvent et remettez-les à leur place mais en dehors de sa présence.
- Ne lui donnez que des jouets pour chien.

À ne pas faire

- Ne pas gronder le chien à distance, il pourrait fuir et emporter sa prise.
- Ne jamais vous amuser d'un vol quel que soit l'âge du chien.
- Ne pas crier, ne pas vous précipiter vers lui, ne pas lui demander de rapporter l'objet. Même si vous manifestez de l'agacement, il pourrait interpréter ça comme un appel au jeu.
- Ne jamais lui abandonner une vieille chaussure. Comment saura-t-il qu'il doit se limiter à celle-là et que les autres ne sont pas pour lui ?

Le chien qui vole des aliments

Ce type de vol, légèrement différent, est beaucoup plus fréquent. Nombre d'agressions résultent d'un souci lié à la nourriture. C'est le cas par exemple lorsqu'un morceau tombe par terre et que le chien se précipite pour le prendre. Il peut alors mordre la main qui tente de lui subtiliser le morceau convoité. Cela peut aussi arriver lorsqu'on veut lui retirer de la gueule un objet (jouet ou nourriture) inapproprié ou volé.

Pour le chien, on ne plaisante pas avec la nourriture. Même si le vôtre n'a pas à rechercher par lui-même sa pitance, puisque vous la lui fournissez, il ressent une crainte réflexe de manque. Cette peur occasionne un stress très éprouvant pour lui lorsque des odeurs très alléchantes lui chatouillent la truffe sans qu'il puisse atteindre l'objet de sa convoitise. C'est pourquoi les repas des maîtres représentent des moments de tension intense pour le chien. Les aliments que nous consommons sont bien plus appétissants pour lui que sa nourriture habituelle.

Aussi, lorsqu'ils deviennent accessibles, quand un morceau tombe par terre ou qu'une portion est oubliée sur une table sans personne pour la surveiller, la tension augmente et se manifeste par la précipitation. Le chien veut les ingurgiter le plus vite possible tant qu'ils sont à sa portée. Ainsi, lors des repas des maîtres, le chien se montrera hypervigilant, sollicitera les convives pour récupérer quelques miettes.

Le repas des maîtres est donc une source de tension et de frustration pour le chien qui peut aboutir à une conduite agressive.

Le chien ne vole pas, il se sert. Dans le groupe, ce sont les individus les plus sûrs d'eux qui ont les premiers accès à la nourriture. Une fois repus, ils abandonnent les restes aux autres membres du groupe. C'est pourquoi lorsque vous laissez des aliments à sa portée, vous signifiez sans le vouloir à votre chien qu'ils sont disponibles : il prend ce que vous lui laissez à sa disposition.

À faire

- Préparez et prenez vos repas en dehors de sa présence. Évitez également de grignoter devant lui.
- Ne laissez pas les sacs-poubelles à sa portée mais placez-les dans un container. (Évitez ceux munis d'une pédale, votre chien apprendrait très vite à s'en servir).
- Dès son plus jeune âge, donnez-lui ses repas toujours au même endroit, dans la même pièce, isolée de préférence, et à des heures très régulières. Il apprendra ainsi qu'il n'a pas à craindre que sa nourriture lui soit reprise.

Si vous avez un chien « voleur »

Vous pouvez travailler le « refus d'appât » à vue, puis hors vue (c'est-à-dire en votre absence) : cela empêchera le chien de prendre de la nourriture qui ne lui est pas destinée. Une personne tend une friandise vers le chien. Lorsque le chien approche son museau, le maître lui dit « non » sèchement et fermement.

Dès que le chien se détourne de la friandise, le maître félicite avec enthousiasme.

Il est préférable de tenir le chien en laisse lors de l'apprentissage, pour l'empêcher physiquement d'atteindre la friandise. Ce n'est pas le maître qui doit lui proposer la nourriture (pour des raisons de confiance et de compréhension).

Cet exercice, très utile lorsque vous promenez votre chien et qu'il passe à proximité d'un enfant tenant un pain au chocolat, s'avère également efficace pour éviter qu'il ne prenne en gueule un objet dangereux ou sale. Obtenir un refus d'appât hors vue est vraiment difficile et de nombreux chiens sont totalement hermétiques à cet apprentissage.

- Lorsque vous portez sa gamelle, déjà préparée, à votre chien, demandez une position avant de la poser et de l'autoriser à manger. Une fois qu'il a commencé son repas, laissez-le tranquille 10 à 15 minutes. Une fois ce laps de temps écoulé, retirez-lui la gamelle, même s'il ne l'a pas terminée.
- Lorsque le chien grogne quand on s'approche de sa gamelle, donnez-lui l'habitude d'apporter des friandises et non de l'embêter ou de lui enlever sa nourriture.

À ne pas faire

- Ne jamais préparer à manger, pour vous ou pour lui, en sa présence.
- Ne pas le punir s'il a pris de la nourriture sans votre autorisation. Il ne peut pas comprendre que ces aliments qui ne sont pas encore rangés ne sont pas abandonnés et en libre-service.
- Ne jamais donner au chien un morceau lorsque vous mangez.
- Ne pas jouer avec sa gamelle en y mettant votre main pendant qu'il mange, ou en faisant semblant de la lui donner pour lui reprendre. Cela ne fait pas de vous un leader, mais quelqu'un en qui on ne peut pas avoir confiance.

Chaque chien est unique. Sa sensibilité, son caractère et ses expériences entraînent ses réactions : certains volent dès qu'ils en ont l'occasion, d'autres n'accordent aucune attention à une table couverte de mets succulents. Il n'existe donc pas de solution miracle pour résoudre le problème du chien « voleur ». La seule stratégie efficace est de ne pas laisser de nourriture à sa portée. Il faut ranger tout de suite.

La loi considère que ces nuisances sonores peuvent être caractérisées de délit et les peines encourues sont d'1 an d'emprisonnement et de 15 000 € d'amende. Le propriétaire peut être mis en demeure de consulter un professionnel, de réaliser des travaux (mur occultant, création d'une barrière pour empêcher le chien d'approcher de la rue ou du terrain des voisins), de déménager ou de se séparer de l'animal.

MON CHIEN ABOIE SANS CESSE

Près de 10 000 plaintes pour vocalises de chien sont déposées chaque année en France.

Si votre chien vocalise de manière excessive, il est nécessaire d'en identifier la cause :

- Une suite rapide d'aboiements aigus signale un intrus.
- Une succession d'aboiements et de pauses ou de hurlements indique un état de stress, de l'ennui, voire de la peur.
- Une série de jappements traduit une douleur vive ou une peur intense.
- Un hurlement à la mort sur une seule note aiguë et longue signifie que le chien est bien présent chez lui et qu'il veut que tout le monde le sache.
- Des jappements brefs suivis d'un long hurlement signalent une forte angoisse.

Dans la grande majorité des cas, le chien adopte ce comportement lorsqu'il ressent une angoisse, voire de la peur, quand il s'ennuie ou en cas d'hyperactivité. Mais il peut également défendre son territoire. Dans ce cas, c'est la présence d'un intrus (voisin, animal, passant...) dans ce qu'il estime être son domaine, qui est, le plus souvent, le stimulus déclencheur. Bien entendu, il arrive également qu'un bruit (aboiements d'un autre chien, sirène, klaxon, moteur...) provoque ces aboiements. La première des choses est donc savoir s'il le fait quand vous êtes présent ou quand il est seul.

Le facteur et les éboueurs touchent un objet sur le territoire du chien : il aboie et constate qu'ils partent en laissant l'objet. C'est un renforcement involontaire sur lequel il faut travailler en ne permettant jamais au chien d'aboyer dans cette situation.

LES VOCALISES EN VOTRE PRÉSENCE

À faire

- Aux premiers aboiements, **attirez son attention**, en produisant un bruit net et bref par exemple (taper dans ses mains ou siffler), puis appelez-le gaiement. Lorsque votre chien est près de vous, félicitez-le avec exubérance d'être revenu. Intervenez toujours **dès les 2 ou 3 premiers aboiements** pour que le chien comprenne, petit à petit, que cela suffit à vous alerter et à vous faire réagir.

- Il est toujours préférable d'interrompre la séquence en utilisant un procédé qui ne le relie pas directement à vous : siffler, taper des mains, vous servir d'un pistolet à eau.
- Une fois le chien calmé, **allez voir ce qui le faisait hurler mais sans lui**.
- Placez des obstacles physiques (un mur ou une haie très dense plutôt qu'une grille) qui vont l'empêcher de repérer facilement les intrus.
- Limitez au maximum l'accès aux fenêtres qui donnent sur la rue.

Apprenez-lui à aboyer, puis à se taire sur commande

Il ne s'agit pas de lui apprendre à aboyer, mais à le faire quand vous lui demandez. Quand il commence à aboyer, dites-lui « Aboie » et récompensez-le. Répétez cet exercice aussi souvent que possible en augmentant progressivement le délai d'obtention de la récompense. Puis, de temps à autre, donnez-lui l'ordre d'aboyer pendant une séance d'exercices d'éducation. Une fois que le chien maîtrise parfaitement l'ordre « Aboie », il suffit de lui apprendre l'ordre inverse, « Silence ». Pour cela, demandez-lui, plusieurs fois, d'aboyer sans récompenser. Puis dites-lui « Silence » et dès qu'il se tait, donnez-lui sa friandise. Quand il maîtrisera cet ordre, vous parviendrez facilement à le faire taire même lorsqu'il se met à aboyer spontanément.

À ne pas faire

- Ne pas crier quand le chien aboie : il n'entend que des aboiements supplémentaires, ceux de son maître, qui se joignent aux siens.
- Ne pas réagir directement aux vocalises sans les avoir interrompues.
- Ne pas vous diriger vers lui pour le gronder (ou pire le cajoler), il pourrait interpréter votre réaction comme un renforcement et se mettre à aboyer pour attirer votre attention.
- Ne pas utiliser de moyen coercitif (calming cap, muselière, collier anti-aboiement…).

LES VOCALISES EN VOTRE ABSENCE

À faire

- **Vérifiez qu'il a suffisamment d'objets de stimulation** (jeux, friandises, bruit de radio…). Dans le cas contraire, les bruits ambiants de son environnement immédiat (moteurs de véhicules ou d'outils, portes qui claquent, voix…) vont déclencher les vocalises.

Pour combattre l'ennui

Laissez-lui de quoi s'occuper, en particulier des jouets creux remplis de nourriture adaptée. Laissez la radio allumée sur une station qui diffuse des émissions sans bruits violents ni personnes qui hurlent ; un petit apprentissage peut s'avérer efficace. Allumez la radio lorsque vous êtes chez vous et changez fréquemment de pièce. Ne restez pas avec votre chien. Il doit s'habituer à ce que le bruit de la radio signifie que vous êtes dans la pièce voisine. Ensuite, sortez et entrez plusieurs fois en variant les durées de vos absences en ne dépassant pas quelques minutes. Il ne faut pas laisser la radio allumée lorsque vous êtes absent longtemps durant cette phase d'apprentissage.

- Analysez la situation de manière objective **avec l'aide d'un professionnel**. Vous pouvez enregistrer ce qui se passe lors de vos absences pour déterminer si un bruit n'est pas à l'origine des aboiements.
- S'il s'agit d'angoisse de séparation, ou d'hyperactivité, lisez les pages 94 et suivantes.
- **Essayez de laisser votre chien dans sa cage** (ouverte au début, puis fermée), avec de l'eau et des jouets : ce n'est pas la prison, mais son lieu refuge et rassurant.
- **Utilisez l'apaisine canine** sous forme de pipette, de collier, de spray ou de diffuseur.

Les outils pour empêcher le chien d'aboyer

Il faut se méfier des outils qui permettent de réduire le chien au silence sans traiter l'origine des vocalises. En aboyant ou en hurlant, le chien exprime son mal-être. Vouloir l'empêcher d'exprimer cet état émotionnel intense peut l'amener vers d'autres comportements (destructions, souillures, potomanie, dépression, voire agressivité). Il se peut toutefois que, dans certains cas extrêmes (pétitions, menaces d'expropriation, jugement...), et après que toutes les autres options aient été étudiées et éliminées, vous soyez contraint de vous servir de ces moyens, qui ne s'utilisent jamais sans l'aide d'un professionnel. Leur utilisation doit être limitée dans le temps et s'ils masquent les effets, ils ne résolvent en aucun cas la cause du problème.

Les colliers anti-aboiements

Il en existe de plusieurs sortes : à la citronnelle ou à la moutarde, à décharges électriques (pudiquement appelés « à impulsions électromagnétiques »), à air comprimé ou pulsé et à ultrasons. Dès que le chien aboie, ils émettent un avertissement sonore (ou vibratoire). Si le chien l'ignore et continue, le collier déclenche la sanction.

Les colliers à ultrasons ou à air pulsé sont suffisants pour un chien sensible, mais pour la majorité des autres, ils sont d'une efficacité moindre car le désagrément qu'ils infligent n'est pas très important et le chien s'y habitue très vite.
Les colliers à décharges électriques sont à manier avec une grande délicatesse. Outre qu'ils représentent une véritable agression et qu'ils infligent des douleurs, ils peuvent engendrer des comportements déviants supplémentaires (destructions, dépression ou automutilation, voire agressivité) par peur de souffrir.
Les colliers à moutarde ou à citronnelle ont l'avantage d'agir sur plusieurs sens : l'ouïe avec le déclenchement du jet, puis la vue et le toucher avec le nuage et enfin l'odorat. Leur efficacité est variable mais avoisinerait les 75 %. Cependant, ils ne sont pas efficients très longtemps car le chien s'habitue à l'odeur. La persistance de l'odeur après que le chien a cessé d'aboyer peut aussi engendrer une incompréhension de la relation aboiement/sanction.
Si vous utilisez ce type de matériel, faites très attention aux conseils donnés par le vendeur (s'il n'en donne pas, allez faire vos achats ailleurs). Il est impératif que vous soyez présent lors des premières utilisations pour observer les réactions de votre chien. Vérifiez que le collier est bien réglé et surtout qu'il ne se déclenche pas lorsqu'un autre chien aboie. Ces colliers sont parfois totalement inefficaces sur les hurlements à la mort. Une fois l'apprentissage acquis, remplacez ce collier par un faux de même poids pour rappeler au chien qu'il risque de subir un désagrément. Il faudra de temps à autre lui remettre le vrai collier afin qu'il n'oublie pas.
Attention : ces colliers ne règlent pas le problème qui cause des vocalises et peuvent provoquer d'autres troubles. De plus, de nombreux pays (Allemagne, Australie, Suisse, par ex.) ont réglementé ou interdisent leur utilisation.

Le calming cap

C'est une sorte de masque que l'on place sur les yeux du chien. Certains préconisent son utilisation dans ce cadre de vocalises, pour éviter que le chien voie et entende son maître partir ; il ne faut surtout pas écouter ces conseils. Outre le fait que vous pouvez plonger votre chien en plein syndrome de privation sensorielle, il faut se souvenir que le chien utilise en priorité son odorat pour localiser les personnes, les animaux ou les choses. Ce traitement ne peut en aucun cas être bénéfique pour lutter contre les vocalises.

La muselière

Elle est à bannir. Elle ne traiterait que la conséquence et non la cause des vocalises, et cela peut s'avérer très dangereux. En effet, le chien qui vocalise est stressé et salive. La muselière l'empêcherait de boire et de haleter pour réguler sa température. Même si cela n'arrive que très rarement, il est aberrant de faire prendre ce risque à votre animal.

MON CHIEN FUGUE

La loi oblige le propriétaire d'un animal à mettre tous les moyens en œuvre pour éviter qu'il puisse partir.
La personne qui en avait la garde est responsable pénalement des actes commis par le chien durant sa fugue : la loi considère que c'est le détenteur du chien au moment des faits qui a commis l'acte, et non le chien.

On parle de chien fugueur quand le chien quitte son milieu et son territoire durant **un long moment et de manière répétitive**. Cela implique une habitude, donc de nombreuses récidives. Le chien fugueur est conscient d'agir à l'encontre de vos désirs, et va tout mettre en œuvre pour tromper votre vigilance et profiter de la moindre occasion. C'est pourquoi la fugue est un des problèmes les plus difficiles à régler.

Le chien fugueur peut faire des dégâts (parterres de fleurs détruits, poubelles éventrées...), occasionner un accident, blesser ou même tuer un autre animal et mis en fourrière. En général, les blessures ne seront pas couvertes par votre assurance. Il risque également sa vie.

Pour sa sécurité et celles du voisinage et pour votre tranquillité, il est impératif de régler au plus vite ce problème, et donc de **connaître les raisons qui peuvent amener un chien à fuguer**. Elles sont très nombreuses mais nous pouvons dresser une liste des plus courantes :

- **L'excitation sexuelle** : c'est la première cause de fugue chez les chiens mâles, mais elle concerne aussi les chiennes en période de chaleurs. Un chien peut sentir une chienne en chaleurs à plus d'1 km de distance.
- **La frustration :** les besoins éthologiques (marques d'intérêt, promenade, relations avec d'autres individus, place dans la famille...) du chien ne sont pas assouvis, il subit de mauvais traitements ou tout simplement, il s'ennuie. Il est possible qu'il ait délimité lui-même son territoire et qu'il l'arpente à sa guise. Une modification de son environnement (naissance, arrivée d'un autre animal ou à l'inverse, séparation ou décès, déménagement...) peut aussi provoquer cette frustration.
- **La recherche de nourriture :** si le chien n'est pas correctement nourri (en quantité et en qualité olfactive), il va chercher lui-même sa pitance. Gare alors aux poubelles, voire aux poulaillers, du voisinage. Le chien peut également se mettre à chasser.
- **La chasse :** le chien descend du loup et est par essence un prédateur. Ce trait de caractère est plus marqué chez les chiens de type primitif,

les chiens de chasse ou les chiens qui n'ont pas été socialisés aux autres espèces. Le chien aperçoit une proie éventuelle et se lance à sa poursuite. Ce type de fugue est dangereux car votre chien peut agresser des animaux, des humains (joggers, cyclistes...) et même des véhicules.

- **L'envie de jouer :** si votre chien ne se dépense pas suffisamment, il va chercher ailleurs l'activité physique qui lui manque.
- **La peur ou le stress** ne génèrent pas de fugue à proprement parler (il n'y a pas le phénomène d'habitude ou la volonté de partir), mais peuvent conduire à la fuite du chien de votre domicile. Le chien s'en va pour éviter d'être confronté au stimulus déclencheur de sa peur ou de son angoisse. Il hésitera à revenir par crainte qu'à son retour, le stimulus soit toujours présent.

Attention aux chiens hyperactifs qui ne savent pas s'arrêter de jouer ni contrôler leurs efforts. S'ils fuguent, on les retrouve loin du domicile, exténués, voire blessés. Dans ce cas, il faut d'urgence régler l'hyperactivité (p. 94).

À faire

- **Identifiez les raisons de la fugue** pour agir plus efficacement.
- Fermez à clé les portes, portails et grilles.
- **Travaillez l'éducation de votre chien** au rappel et à la marche au pied sans laisse. Il faudra travailler de manière positive, en jouant et en récompensant généreusement votre animal.
- **Travaillez la socialisation**. Les clubs canins sont l'une des réponses les mieux adaptées car le chien y côtoiera d'autres animaux. Emmenez-le, en laisse, dans des endroits où sont présents toutes sortes d'animaux et travaillez les positions calmement près d'eux.
- Essayez de calmer votre chien avec des **produits hormonaux**. Si la castration s'avère efficace dans environ 90 % des cas, mais que le chien a pris l'habitude de fuguer, elle ne suffira sans doute pas.
- **Sortez votre chien plus souvent**, au moins 3 à 4 fois par jour. Trois promenades de 10 min sont préférables à une sortie de 45 min. Les promenades lui permettent de découvrir d'autres odeurs, en particulier celles de congénères, de passer un moment complice avec vous et de se socialiser au gré des rencontres.
- Félicitez-le de manière exubérante lors de son retour. Vous le récompenserez parce qu'il est rentré.

- **Contrôlez ce qu'il mange** tant en qualité (nutritionnelle et olfactive) qu'en quantité. Il peut être judicieux de diviser sa ration en plusieurs prises à des heures variables.
- Éduquez le chien pour ne plus qu'il parte en utilisant les **techniques de contre-conditionnement**.
- **Laissez-lui de nombreux jouets**, en particulier ceux distributeurs de nourriture, pour l'occuper.
- Demandez de l'**aide à un professionnel**, en particulier le vétérinaire qui pourra prescrire dans certains cas extrêmes des médicaments.
- **Laissez la radio allumée** en votre absence.
- **Délimitez physiquement son espace** à l'aide d'une clôture ou d'un mur. N'hésitez pas à fabriquer une extension du grillage inclinée vers l'intérieur à 45° (pour éviter qu'il ne passe par-dessus la clôture) ou à poser au pied de la clôture du grillage à angle droit, ou de grosses pierres (pour dégoûter les chiens creuseurs de tunnels). Vous pouvez aussi construire (avec des matériaux qui ne transformeront pas le chenil en serre) un chenil suffisamment spacieux (environ 15 m^2 pour un chien moyen), avec des parois grillagées et un toit, à condition de ne pas laisser le chien enfermé dedans pendant des heures.

Une thérapie comportementale simple peut régler le problème des fugues. Commencez par faire jeûner le chien 12 h afin qu'il soit très attentif. Durant toute la durée de la thérapie, ne lui donnez que les 3/4 de sa ration journalière. Sortez régulièrement dans le jardin ou sur la terrasse avec votre chien. Au début, promenez-vous avec lui 5 à 10 min et donnez-lui de temps à autre, comme ça, sans rien lui demander, une friandise. Puis rentrez avec lui et vaquez à vos occupations. Une heure après, recommencez. Petit à petit, augmentez la durée entre deux récompenses, puis alternez les sorties avec et les sorties sans friandise. Le chien comprendra que s'il reste avec vous, à la maison, il pourra à tout moment être récompensé.

À ne pas faire

- Gronder le chien quand il revient de sa balade. Il pourrait hésiter à rentrer lors de ses prochaines escapades.
- Attacher le chien envenime la situation : le chien n'a plus qu'une seule obsession, s'échapper. Il y parviendra au moindre moment

d'inattention quitte à sauter de très hauts grillages ou à se glisser par-dessous, en creusant d'énormes trous.

- Il est fortement déconseillé de le promener en laisse dans votre voisinage. Cela pourrait le conforter dans l'idée que ce territoire lui appartient. Il est préférable de le faire monter en voiture dans le garage et d'aller faire votre promenade à 2 ou 3 km.
- Le fait de lui procurer de la compagnie en prenant un autre chien relève du pari. Cela peut très bien le conduire à rester, mais le nouvel arrivant peut aussi accompagner le premier dans ses promenades.

La clôture électrique est souvent très efficace, mais elle est très onéreuse, violente et donc peu propice à la rééducation du chien. Des fanions délimitent la zone dans laquelle le chien doit se cantonner. Ce sont les seuls repères visuels de la clôture. Un fil d'antenne est déroulé sous le sol. Lorsque le chien, muni du collier récepteur, s'approche des limites de la zone, un signal sonore est émis pour prévenir le chien. S'il s'approche davantage, il reçoit une décharge électrique, ce qui l'empêche de sortir de sa zone. Cette méthode n'est à utiliser que lorsque vous n'en avez pas d'autre à disposition, et elle nécessite un apprentissage par le chien. Vous devrez vraiment effectuer cet apprentissage de manière consciencieuse, en suivant les conseils des professionnels, avant de pouvoir laisser le chien se promener seul dans la zone délimitée.

Attacher son chien est très réglementé : le chien doit avoir 6 mois minimum, la laisse doit mesurer 3 m minimum et être munie d'un mousqueton pivotant à son extrémité. Il doit aussi bénéficier d'un abri contre les intempéries, isolé et surélevé et avoir à disposition de l'eau en quantité suffisante. Sa gamelle devra donc être située de manière à ce qu'il ne puisse pas la renverser avec la laisse.

TROUBLES DU COMPORTEMENT

« Rien ne saurait m'humilier davantage que le regard de méfiance de l'un de mes chiens. »
JAMES GARDNER, ACTEUR, RÉALISATEUR ET PRODUCTEUR AMÉRICAIN

MON CHIEN A PEUR

La peur est un sentiment tout à fait normal lié à l'instinct de survie. En s'éloignant du risque, on assure sa sauvegarde ainsi que celle de son espèce. Un individu trop téméraire ne s'en écarte pas et ne survit donc pas très longtemps. En aiguisant les sens et les réflexes, la peur permet donc la découverte et la continuité de l'espèce.
La peur est utile et il ne faut donc absolument pas vouloir la faire disparaître totalement. La taille ou la race n'entrent pas en ligne de compte ; certains chiens vont être naturellement plus sensibles ou plus craintifs, mais beaucoup d'autres éléments peuvent favoriser cette émotion.
Dans la grande majorité des cas, la première réaction d'un chien qui a peur est la fuite. Si cette réponse d'évitement est impossible, il peut adopter une attitude d'inhibition, comme faire le mort ou se mettre en position de soumission. Il peut également s'adonner à des activités substitutives comme flairer intensément ou gratter le sol. La dernière des réponses est l'agressivité pour faire disparaître le stimulus dont il ne peut pas s'éloigner.

La peur est un sentiment commun, contagieux et dont les manifestations incontrôlées telles que la mydriase (augmentation du diamètre de la pupille), l'accélération du rythme cardiaque et de la respiration, voire des tremblements, sont comprises par tous.

Chaque événement ayant engendré une émotion forte, positive ou négative, a été mémorisé et ce qui a fait peur au chien est enregistré en premier. Régler un problème de peur excessive s'avère un travail délicat et de longue haleine.

L'attitude du maître est très importante lorsqu'un chien manifeste de la peur. Son comportement va influer grandement sur la crainte et les réactions de l'animal.

À faire

- **Agissez dès le début des manifestations de peur**, c'est-à-dire dès que les premiers signes de la phase appétitive apparaissent.
- **Trouvez un lieu refuge pour le chien.** C'est à lui de le découvrir dans la mesure où il vous convient. Agrémentez-le d'un tapis, d'un panier, d'une niche ou d'une cage de transport (dont les portes resteront toujours ouvertes), de jouets, d'une gamelle d'eau, voire un diffuseur d'apaisine canine.
- Laissez l'accès libre au lieu refuge sans jamais commenter ni intervenir lorsqu'il s'y rend.
- **Travaillez un contre-conditionnement.** Placez-vous à environ 2 m du chien. Ne tentez pas de le toucher. Mettez-vous en position de rappel (accroupi, visage souriant, voix encourageante, mains tendues…) armé de sa récompense préférée. Ne le cajolez pas, donnez-lui simplement sa friandise, puis commencez le travail avec des ordres simples qu'il maîtrise parfaitement (assis, couché…) en récompensant à chaque fois. N'allez pas trop vite. Respectez le rythme de progression du chien et acceptez les « retours en arrière » sans vous décourager.
- **Montrez-vous rassurant au sens canin du terme** en favorisant le contact visuel avec le stimulus. Le groupe est très apaisant pour le chien. Faites-le se placer près de vous, à côté de préférence, mais ne le caressez pas. Ensuite, il est nécessaire de faire preuve d'autorité (autoritaire ne signifie pas brutal, sec ou intransigeant). Il vous faut simplement lui donner des ordres simples d'une voix posée. Enfin, montrez-vous calme et serein. Vos gestes doivent être nets, précis et sans précipitation. Ainsi, votre chien comprendra que vous n'avez pas peur, que vous le protégez, que vous contrôlez la situation, que vous le comprenez même si vous ne partagez pas ses émotions.
- Les techniques telles que l'habituation, la désensibilisation et le contre-conditionnement donnent d'excellents résultats. Elles peuvent

s'accompagner d'une thérapie médicamenteuse (sous contrôle médical) dont le but est de diminuer la sensibilité olfactive ou acoustique du chien.
- Utilisez **l'apaisine canine** sous forme de spray ou de collier.
- Si votre chien est asocial, emmenez-le dans un club canin pour le faire travailler en présence de nombreux congénères de toutes races et de toutes tailles. Prévenez les éducateurs du club de la raison pour laquelle vous venez, pour qu'ils puissent vous mettre, vous et votre chien, dans les meilleures dispositions pour effectuer ce travail avec le moins de stress possible et en toute sécurité.

À ne pas faire

- Ne jamais câliner ou caresser le chien pour le rassurer. Ces contacts renforcent sa peur. Soit parce qu'en vous vous baissant en lui parlant d'une voix douce et en le caressant, votre chien comprend que vous lui demandez de l'aide soit parce qu'il comprend, par vos caresses, que vous êtes content. C'est un renforcement de son comportement.
- Ne pas s'énerver, ne pas crier : cela renforcerait son stress car il associerait votre réaction au facteur déclenchant de sa peur et non à son comportement.
- Ne pas punir le chien. Une punition doit sanctionner une faute et laquelle a-t-il commise ? Celle d'avoir peur ? Une faute est une action délibérée contraire à une règle. Or la peur est un sentiment incontrôlable, donc ce n'en est pas une. La punition dans ce cas est donc incompréhensible pour le chien et s'ajoute à son stress.
- Ne jamais utiliser le lieu refuge pour sanctionner le chien.
- Ne pas contraindre le chien, en l'attachant, en l'empêchant de se trouver un refuge, en l'isolant dans un lieu qu'il n'a pas choisi ou en voulant le forcer à affronter le stimulus.
- Ne pas tenter d'expliquer au chien qu'il ne doit pas avoir peur. Non seulement le chien ne comprend absolument pas vos commentaires mais en plus, suivant le ton employé, il pourrait assimiler votre discours à des caresses ou à une punition.

Dans la grande majorité des cas, attacher un chien apeuré augmente le sentiment de peur et le transforme en phobie. De plus, cela provoque dans de nombreux cas une réponse agressive.

- Ne pas essayer de lui montrer par l'exemple ! Un chien pourrait, à la rigueur, comprendre la démonstration d'un autre chien mais pas d'un humain.
- Ne pas chercher à rassurer le chien en imaginant ce qui vous rassurerait vous. C'est de l'anthropomorphisme et cela peut avoir de graves conséquences.
- Ne pas penser qu'on ne peut rien changer.
- Ne pas être à l'affût des stimuli déclenchant la peur chez votre chien, lors des promenades par exemple. Votre état de vigilance extrême va entraîner le même état chez votre animal. Si vous êtes tendu, il l'est lui aussi.

Si votre chien éprouve de la peur envers un objet, placez-vous face à lui, le dos bien droit, de manière à lui masquer. Dans cette position, vous protégez votre chien et vous lui permettez d'observer. Demandez une position, puis après quelques minutes, tournez-vous et éloignez-vous de l'objet. Laissez le chien expérimenter et réagir par lui-même. S'il ne s'approche pas de l'objet, n'intervenez pas, la prochaine fois, vous ferez la même chose en étant un peu plus près. Cette technique fonctionne aussi lorsque le chien a peur d'un autre animal ou des êtres humains. Dans ce cas, il faudra bien entendu être très attentif aux réactions des protagonistes pour éviter tout risque d'agression.

Quelques peurs très fréquentes

- La peur de l'orage ou des détonations. Dans ce cas, l'habituation donne de très bons résultats. Pour les détonations, commencez par utiliser du papier bulle dont vous ferez éclater quelques parties à proximité du chien, passez ensuite aux pétards de faible intensité puis augmentez l'intensité sonore. Emmener le chien à proximité d'un club de tir et le rapprocher de plus en plus des tireurs peut également s'avérer très efficace. Il est bien entendu indispensable de respecter son rythme de progression et de ne jamais le forcer. Il existe aussi des enregistrements de tempêtes ou d'orages. Cependant, ils ne reproduisent pas toutes les impressions sensorielles (odeurs, électricité statique, pression athmosphérique, humidité...). Leur efficacité est par conséquent extrêmement faible.

- La peur des congénères. C'est un manque de sociabilité, affectant en particulier les chiens de petite taille (parce qu'ils sont souvent portés dans les bras), mais ne leur est pas réservée. Cette peur fait suite le plus souvent à une mauvaise expérience ou avoir pour origine une mauvaise communication (faute d'apprentissage adéquat ou du fait que le chien soit en laisse). L'impossibilité de communiquer peut aussi être physique, notamment si votre chien a les oreilles et la queue coupées (pratiques interdites par la loi). La peur peut aussi être induite par un maître surprotecteur (lorsque la laisse est raccourcie pour maintenir le chien contre soi ou pire, lorsque le chien est porté dans les bras).

À ne pas faire

- Lorsque vous promenez votre chien, ne cherchez pas à voir où se trouvent tous les chiens.
- N'évitez pas systématiquement tout chien que le vôtre ne semble pas aimer. Cela empêche un progrès positif dans la relation. Laissez une chance de rencontre tout en contrôlant la situation et en restant attentif aux réactions de votre chien. Pendant ce moment, la laisse doit être comme vous, c'est-à-dire détendue. Si votre animal envoie des signaux de peur, réagissez immédiatement mais avec calme, appelez-le d'une voix enjouée et donnez-lui une récompense quand il est revenu vers vous. Surtout ne tirez pas brutalement sur la laisse pour le faire revenir et l'éloigner du danger.
- Si votre chien a manifesté de la peur et qu'il n'y a pas eu contact, ne le caressez pas pour le rassurer. Vous lui enverriez comme signal qu'il a

bien fait et que maintenant que l'autre est parti, il n'y a plus de danger.

- Lorsque vous croisez un chien et que vous craigniez que le vôtre réagisse mal, adoptez le comportement que nous avons vu précédemment en interposant votre corps entre votre compagnon et celui qui lui fait peur. Demandez-lui de s'asseoir et laissez-le observer derrière vous tout en le faisant à nouveau s'asseoir s'il se lève. N'ayez aucun geste brusque, restez calme, parlez le moins possible et d'une voix posée. Quand l'attention de votre compagnon se fixe de nouveau sur vous, il est temps de partir. Reprenez votre promenade sans vous diriger vers l'autre chien.

- **La peur des gens, et en particulier des enfants. Ne laissez jamais, même quelques instants, un chien seul avec un enfant**. Ainsi vous serez toujours témoin de la réaction de votre animal. Si celle-ci n'est pas appropriée, il ne faut surtout pas l'ignorer sous peine de la voir se reproduire, voire s'intensifier. Il faut en premier lieu, de manière calme et posée, mettre de la distance entre le chien et l'enfant pour éviter tout risque. Mettez-vous à côté de l'enfant, le bras autour de ses épaules, ou en le prenant dans vos bras s'il est petit, pour faire corps avec lui, et ordonnez à votre chien de s'éloigner. Votre ton sera d'autant plus dur que la réaction aura été agressive. Attention cependant à ne pas s'en tenir à cette réponse qui indiquerait au chien qu'avec les enfants, les relations sont dangereuses. Ensuite, analysez la situation pour pouvoir réagir correctement. N'obligez évidemment pas le chien au contact en le tenant par le collier, par ex. Restez dans la même position, à côté de l'enfant, et demandez-lui de revenir. Si besoin, donnez-lui une récompense ou félicitez-le. Laissez-le prendre contact avec l'enfant, auquel vous aurez *au préalable* demandé de rester calme et de ne pas faire de geste brusque. Si votre chien se montre curieux, demandez à l'enfant de tendre une main, paume ouverte vers lui. Laissez le chien renifler cette main sans bouger et sans intervenir. Si la situation continue d'évoluer positivement, caressez votre chien avec l'enfant au niveau du poitrail ou des flancs, mais sans l'enlacer et sans lever la main au-dessus de sa tête.

Les enfants doivent apprendre à connaître le chien et les comportements à avoir avec lui, pour leur sécurité en premier lieu et pour la tranquillité des chiens. Ne pas courir, ne pas crier, ne pas se diriger directement vers lui, ne pas le regarder dans les yeux, ne pas le déranger quand il dort, quand il mange ou quand il est malade, ne pas l'enlacer ni l'embrasser…
Tout cela s'applique aussi lorsque le chien a peur de tous les êtres humains ou ne se manifeste qu'en présence d'hommes adultes.

Si votre chien se montre nerveux, dites « non ! » sèchement et renvoyez-le un peu plus loin pour reprendre la séquence. **Si vous avez des enfants à la maison**, il faut qu'ils participent aux activités du chien. Promenades, jeux, nourriture... Même s'il est plus efficace qu'ils soient acteurs, cela n'est pas nécessaire, surtout s'ils sont petits : leur simple présence suffit à habituer le chien. Ensuite, l'enfant pourra donner des ordres simples au chien et le récompenser, puis jouer avec lui, lui donner sa gamelle... pour créer un lien indéfectible. Toutes ces activités se faisant, bien entendu, *en votre présence*. **Si vous n'avez pas d'enfant à la maison**, il faut malgré tout habituer votre chien à leur présence. Emmenez-le près d'une école pendant la récréation (en évitant l'entrée et la sortie au début), afin qu'il s'habitue aux cris et aux voix aiguës. Puis, emmenez-le aux abords de l'école à l'heure d'entrée, les enfants sont plus calmes et souvent pressés. Laissez-le libre de ses réactions, n'intervenez pas. Enfin, lorsque votre chien est habitué, emmenez-le, à une distance respectueuse pour éviter un déferlement d'enfants sur lui, à l'heure de la sortie. Lorsqu'un enfant s'approche, placez votre chien à côté de vous, demandez à l'enfant d'être calme et montrez-lui comment aborder votre chien, lentement et paume ouverte. N'envoyez aucun signal de tension à votre animal.

Rappel : Le chien n'est pas un partenaire idéal et naturel pour un enfant. Le chien peut être ce compagnon parfait, mais il ne sait pas, de manière innée, ce qu'est un enfant ; il doit l'apprendre. Aussi, suivant ses expériences, il pourra être amené à craindre ces êtres étranges, brusques et bruyants. Une chose très importante à retenir : ne grondez jamais l'enfant devant le chien.

- Le mal des transports peut s'assimiler à une peur. Pour améliorer l'état de votre chien, il faut l'habituer à la voiture. Faites-le monter et descendre plusieurs fois par jour dans la voiture sans la déplacer en assimilant ces moments à un jeu. Petit à petit, exigez, sans heurts, qu'il y reste un peu plus longtemps. Vous pouvez lui donner une récompense, un os à ronger, par ex. Quand le chien reste dans la voiture sans montrer de crainte, mettez le moteur en marche et recommencez les exercices. Une fois le chien habitué au bruit, faites-le monter pour des trajets très courts mais fréquents. Privilégiez ces trajets pour l'emmener faire une promenade agrémentée de jeux et de récompenses. Il doit assimiler la voiture à un plaisir. Surtout, ne limitez pas les déplacements à une visite chez le vétérinaire, à un trajet long ou pour l'emmener dans un endroit qu'il n'aime pas.

L'apaisine canine lutte efficacement contre le mal des transports.

MON CHIEN SOUFFRE D'HYPER-ATTACHEMENT (OU ANXIÉTÉ DE SÉPARATION)

L'attachement est un phénomène primaire au sens éthologique du terme et non le résultat d'un apprentissage. Il n'a aucune utilité physiologique : sa fonction est sociale.

Le chien est un animal sociable qui aime la compagnie. Le lien d'attachement est donc normal et permet de vivre en harmonie avec son animal. Ce lien est fait pour durer.

Il arrive que ce lien dégénère et se transforme en trouble, l'hyper-**attachement** ou angoisse de séparation. Ce trouble se manifeste par des signes de détresse lors de la séparation entre le chien et la (les) « figure(s) d'attachement ».

Lorsque le chien souffre de ce trouble, il est en permanence en contact physique avec son maître ; il le suit partout, veut constamment être avec lui. À la maison ou en promenade, le chien ne s'éloigne jamais et garde un contact visuel permanent.

Son comportement est puéril et il fait preuve d'hypervigilance ; il éprouve une anxiété excessive à chaque séparation quelle qu'en soit la durée. Cette angoisse se traduit généralement par des vocalises, des destructions ou des souillures, des troubles cutanés, de l'hypersalivation, des troubles gastriques avec vomissements, voire des automutilations (léchage des pattes ou mordillements des flancs ou des coussinets le plus souvent).

Beaucoup d'autres causes peuvent engendrer des manifestations similaires : demandez toujours conseil à un spécialiste avant de poser un diagnostic erroné.

L'erreur communément commise est de considérer que le chiot est petit et qu'il faut le protéger et le choyer. Dans ce cas, une fois à l'âge de la puberté, le maître pense que le chien est grand et qu'il doit adopter un autre comportement. Le maître rompt donc brutalement ce lien d'attachement (sans en être conscient), mais l'hyper-attachement s'est déjà produit.

Il faut bien entendu apporter au chiot l'affection et l'intérêt dont il a besoin mais les lui apporter d'un point de vue canin. Il est également primordial de ne pas lui attribuer des prérogatives qu'il n'aura plus une fois adulte (dormir sur le canapé ou le lit, venir sur les genoux, par ex.). Pendant toute la période de socialisation, la présentation des autres individus et des autres espèces permet la création de nombreux liens sociaux. Ainsi, le lien d'attachement exclusif à la mère disparaît peu à peu pour être remplacé par un lien multiple envers d'autres individus et d'autres espèces. Lorsque ce lien multiple ne se crée pas, il s'agit soit d'une insuffisance d'attachement (le chiot n'acquiert aucune autonomie et n'arrive pas à s'intégrer dans un groupe), soit d'un hyper-attachement.

L'hyper-attachement est une rupture des liens sociaux. L'animal se retrouve dans un lien de dépendance et d'exclusivité envers son maître.

L'absence d'attachement provient le plus souvent d'une mauvaise gestion du sevrage. Le chiot est séparé trop tôt de sa mère ou celle-ci ne s'occupe pas bien de lui.
S'il n'est pas d'origine pathologique, ce trouble est donc généralement dû à un mauvais processus de détachement de la mère, ou du maître. Une surprotection du maître peut également provoquer son apparition. Lorsqu'il ne connaît pas bien les besoins affectifs réels de son animal, il est possible qu'il en fasse trop. Ce surplus d'affection n'est pas bon pour le chien qui va perdre en autonomie. Il est aussi possible que personne ne lui ait appris à être seul. Si le chien a toujours été en présence d'êtres humains, se retrouver seul sera pour lui un drame.

Le problème de l'anxiété de séparation est difficile à résoudre. Il faut le traiter de manière rigoureuse et le plus tôt possible. Une thérapie médicale ne suffit généralement pas. La thérapie doit principalement être comportementale et nécessite l'aide de spécialistes pour redonner son autonomie au chien et réaliser correctement le processus de détachement.

À faire

- **Soyez constant dans vos demandes, rigoureux, clair et motivé**. Même s'il vous arrive de vous décourager, ne lâchez surtout pas prise et ne laissez rien passer. Tout recul, même s'il vous semble léger, est en fait une énorme régression dans la lutte contre cette anxiété.

- Favorisez le contact du chien avec plusieurs personnes.
- **Éloignez progressivement le lieu de couchage du vôtre** en évitant bien entendu les lieux de passage.
- **Cassez le rituel du départ**. Le chien prévoit votre départ en vous voyant vous préparer à sortir (prendre vos clés, vous habiller…) et commence à ressentir de l'angoisse. Il faut donc sortir sans prendre les clés, sans mettre de veste, ou au contraire mettre une veste et s'asseoir pour regarder la télévision, sortir en fermant la porte à clé et rentrer immédiatement ou seulement après quelques secondes…
- Sortez de la maison le plus naturellement possible sans vous préoccuper du chien.
- **Si le chien est excité quand vous rentrez**, demandez-lui une position (assis par ex.) avant de le cajoler. Aidez-vous d'une friandise que vous aurez préparée *avant* d'ouvrir la porte. Une fois le chien assis, caressez-le et félicitez-le modérément.
- **Multipliez les activités avec lui en dehors de la maison :** longues promenades, jeux (courses, en particulier), agility ou natation l'aideront à se sentir bien et le fatigueront. S'il est suffisamment épuisé, il va demander de lui-même à les arrêter et chercher un endroit isolé pour se reposer. Ainsi, le chien rompt le lien lui-même.
- **Sollicitez souvent le chien pour des séances d'éducation**. Les exercices demandés (assis et couché, suite en laisse, rappel…) rétablissent efficacement une bonne relation entre maître et chien.
- **Apprenez au chien à rester seul**.
- Utilisez l'apaisine canine (en spray, pipette, collier ou diffuseur).

À ne pas faire

- Ne pas répondre systématiquement aux sollicitations de contact. Lorsque le chien vient vous chercher pour jouer, pour une caresse, pour le repas, il faut l'ignorer, sans même lui parler. Après quelques minutes, on l'appelle et on accède à sa demande (caresse, jeu, repas…). Le maître doit être à l'initiative du contact.

- Vouloir expliquer au chien qu'on va partir et lui dire au revoir.
- Câliner le chien avant de partir ou, plus difficile, dès son retour à la maison. Il ne faut pas non plus, comme cela est trop souvent conseillé, ignorer totalement le chien, mais adopter une attitude qui l'amène à se calmer.
- Si votre chien a fait des dégâts ou a souillé l'appartement, surtout ne pas le gronder mais les ignorer. Adopter un comportement neutre, vaquez à des occupations ordinaires. Attendre quelque temps avant de nettoyer.

Ne rangez ni ne nettoyez jamais devant lui !

MON CHIEN EST DÉPRESSIF

Comme les hommes, les chiens peuvent être sujets à la dépression. Son origine est généralement liée à l'environnement et à l'activité du chien. Elle est très difficile à détecter et il est nécessaire de bien connaître les comportements canins en général et particulièrement ceux de son chien pour y arriver.

Les principales causes de la dépression chez le chien :

- l'ennui ;
- l'indifférence du maître ;
- la solitude ;
- le stress ;
- le manque d'adaptabilité aux nouvelles situations (séparation, déménagement…).

Les symptômes de la dépression sont assez nombreux et se rapprochent souvent de ceux d'autres pathologies (diabète, douleurs articulaires, problèmes de thyroïde…). Consultez un vétérinaire avant de poser le diagnostic de dépression.

Il faut vérifier qu'il ne s'agit pas d'une petite déprime passagère. Si votre chien manifeste les symptômes décrits précédemment, attendez une quinzaine de jours pour voir si son état s'améliore. De même, si votre chien ne mange pas, vérifiez que ce n'est pas le menu qui ne l'attire pas ou qu'il ne souffre pas d'anorexie.

Les symptômes apparaissent le plus souvent de manière chronologique dans l'ordre suivant :

- une baisse notable de ses activités habituelles et de son entrain (il ne veut plus ni sortir se promener ni jouer) ;
- les jouets et les activités favorites sont délaissés. Cette perte de l'activité peut aller jusqu'à une apathie totale ;
- des troubles du sommeil (il dort beaucoup plus, ou au contraire, bien moins) ;
- des troubles de la nutrition : une perte totale de l'appétit (même pour des friandises), ou au contraire une boulimie à laquelle s'ajoute souvent un **syndrome de pica** ;

Lorsque votre chien mange tout et n'importe quoi, papier, plastique, cailloux, terre, herbe, bois, etc., il est possible qu'il souffre du syndrome de pica.

- une baisse des sollicitations de câlins, une volonté de s'isoler ;
- une régression comportementale (gémissements inexplicables, malpropreté, syndrome de pica, coprophagie, errance…).

Une fois l'état dépressif de votre chien confirmé, des solutions existent. Le vétérinaire peut vous donner un traitement, mais les médicaments seuls ne régleront pas le problème, ils ne sont qu'une aide. En effet, l'ennui et le manque d'attentions du maître étant les principales origines de la dépression, il vous faudra stimuler votre chien par les jeux, les câlins, les promenades et toutes les distractions imaginables. (Re)créez la complicité entre vous.

À faire

- Passez un maximum de temps avec lui.
- Faites-lui vivre de nouvelles expériences pour le stimuler : faites-lui

découvrir de nouveaux endroits, de nouvelles odeurs, de nouveaux congénères.
- Multipliez les contacts amicaux (caresses et jeux) ou donnez-lui simplement des friandises à ronger en votre présence.
- Souriez, parlez de manière enjouée, **montrez-vous toujours enthousiaste d'être avec lui**.
- S'il ne se nourrit pas, donnez-lui à manger dans votre main des friandises pour lancer le mécanisme de digestion et ensuite donnez-lui son repas, toujours dans la main si nécessaire.
- Manifestez bruyamment et avec force effusions votre joie quand le chien réagit positivement.

Votre attitude doit être d'autant plus joyeuse que le chien semble triste. N'hésitez jamais à en faire trop. S'il ne joue pas avec vous, jouez tout seul devant lui avec ses jouets préférés en manifestant votre joie de manière exagérée. Les jeux avec un chiffon qu'on agite au ras du sol sont souvent les plus efficaces pour interagir avec un chien.

À ne pas faire

- Éviter les séances d'éducation canine, car ce qui va aider le chien est de partager des moments de plaisir avec vous et non des moments de contrainte.
- Ne jamais vous décourager même s'il vous semble que vous n'arrivez à rien. La route de la guérison est longue et sinueuse.
- Ne pas culpabiliser, mais essayer de l'aider de la manière décrite plus haut en redoublant d'efforts.
- Ne jamais donner à votre chien des antidépresseurs destinés aux êtres humains sans avis médical, vous pourriez l'empoisonner.
- Ne pas penser qu'on n'y arrivera pas et que le chien sera mieux ailleurs. Le chien vivra cet abandon comme un traumatisme et son état ne pourra qu'empirer.

Avec un chien dépressif, il faut réellement s'impliquer pour l'aider, aussi bien physiquement qu'émotionnellement. Il faut toutefois être conscient qu'il faudra plusieurs semaines pour voir l'état du chien s'améliorer et qu'il passera par des phases de régression. Ne vous découragez surtout pas. Votre rôle vous semblera sans doute parfois ingrat, les efforts souvent démesurés pour de piètres résultats mais il y va du bien-être, voire de la survie de votre compagnon, qui mérite bien quelques efforts. Avec du temps, de la volonté et des attentions, vous verrez votre chien sortir de son état et redevenir un compagnon joyeux.

MON CHIEN EST HYPERACTIF

L'hyperactivité (**aussi appelée « syndrome hypersensibilité, hyperactivité » ou « HS-HA »**) est l'incapacité à rester calme. Le chien est turbulent, infatigable et incontrôlable. Cette pathologie touche plus particulièrement les jeunes chiens.

Voici les principales manifestations de ce syndrome, même si chaque cas est unique :

- Il ne peut pas arrêter une activité sans la remplacer par une autre. Il peut même faire ses besoins sans cesser l'activité.
- **Il est infatigable**, toujours prêt à courir, à sauter, à jouer. Il cherche des caresses et souffre de troubles du sommeil.
- **Il dort moins de 10 h par jour**, se réveille la nuit pour jouer ou demander l'attention de ses maîtres.
- Il peut se montrer obsessionnel avec la nourriture ou le jeu. Il est capable de voler de la nourriture ou de chaparder un objet au vu de tous dans la seule intention qu'on lui coure après, même si cela doit entraîner par la suite une punition. Il est vorace et glouton, jusqu'à la boulimie.
- La majeure partie du temps, il est tellement occupé pendant sa promenade qu'il en oublie de faire ses besoins. Par conséquent, il se soulage au retour à la maison. Enfin, les promenades en laisse tournent au calvaire car il ne cesse de tirer très fortement, vers l'avant ou sur les côtés.
- **Ce dynamisme débordant s'accompagne d'une hypersensibilité :** le chien est continuellement sur le qui-vive et réagit au

L'éleveur doit dans tous ces cas être extrêmement vigilant pour pallier les manques de l'éducation maternelle. Il est entièrement responsable s'il vous cède un chiot atteint de ce trouble.

moindre stimulus, qu'il soit visuel, olfactif, tactile ou auditif : un papillon qui passe, une feuille qui tombe, le moindre bruit, une voiture, un frôlement, tout est prétexte à courir, sauter ou aboyer. Lorsqu'un inconnu arrive, le chien se jette dessus pour le submerger de signes d'affection (coups de langue, de museau, de pattes ou de tête). Il complète sa démonstration par des jappements et des invitations au jeu. Enfin, il manifeste très souvent son agitation en montant et descendant des fauteuils (avec ou sans autorisation), en aboyant, en sautillant, en réclamant votre attention de manière exubérante, en allers-retours d'une pièce à une autre ou le long d'une porte-fenêtre…

- **La morsure n'est pas inhibée**. Normalement, lorsqu'on pousse un cri quand un chien de plus de 8 semaines nous mordille, il doit s'arrêter aussitôt. Le chien qui souffre de ce syndrome a un déficit du signal d'arrêt et ne contrôle pas sa morsure. La prise en gueule, lors des jeux, est douloureuse et peut provoquer des blessures, parfois importantes si on ne stoppe pas immédiatement le chien.
- **S'ajoutent généralement d'autres troubles :** destructions, malpropreté, boulimie ou syndrome de pica, *tail chasing*, vols, voire comportements aberrants.
- Il est extrêmement difficile de l'éduquer à cause de son **manque de concentration**.

Ce syndrome est lié à un manque d'apprentissage des autocontrôles (capacité à coordonner et ajuster ses mouvements, notamment ceux de la mâchoire) lors des interactions avec sa mère et sa fratrie. Malheureusement, lorsque le chien arrive à la maison, il est très souvent stimulé et sans le vouloir ses maîtres renforcent le comportement d'hyperactivité.

Les causes de ce déficit sont multiples. Il apparaît quand le chiot a été séparé de sa mère trop tôt, quand la fratrie a été trop nombreuse ou au contraire en cas d'absence de fratrie. Il est possible aussi que la mère ait été trop tolérante envers ses chiots ou au contraire qu'elle ait été peu attachée à eux, trop malade ou trop jeune et donc qu'elle ne s'en soit pas bien occupée. Enfin, il est possible que l'éleveur soit intervenu de nombreuses fois dans l'éducation donnée par la mère parce qu'il la trouvait trop dure avec son chiot.

Ne pas confondre l'hyperactivité avec :

- une agitation extrême ponctuelle. Lorsque vous avez laissé votre chien seul pendant quelques heures, à votre retour, il peut manifester très énergiquement sa joie de vous revoir et surtout la fin de son angoisse ;
- la sociopathie : le comportement est similaire, mais la différence essentielle se trouve dans le fait que le chien qui souffre de sociopathie est à l'origine des contacts, il sollicite souvent ses maîtres mais lui en revanche ne répond pas à leurs appels ;
- l'hypothyroïdie (insuffisance en hormone thyroïdienne qui provoque un ralentissement du métabolisme) : le chien peut aussi avoir un comportement ressemblant à de l'hyperactivité.

Ce trouble ne se corrigera pas tout seul. Sans intervention du maître, il dégénérera en sociopathie, hyper-attachement secondaire, voire en agressivité.
Il faut être très vigilant avec les enfants lorsqu'on a un chien atteint de ce trouble car il n'arrive absolument pas à gérer ces êtres bruyants. Un travail en profondeur, de très longue haleine, sur le comportement du chien est indispensable. La présence d'une personne compétente et objective à vos côtés facilite les choses.

À faire

- **Reproduisez la technique éducative de la mère qui se déroule lors des jeux**. Quand les chiots, dans leur excitation, mordent et font mal, leur mère sanctionne le coupable en le mordant à son tour. Le chiot pousse un petit cri et s'immobilise le plus souvent en position couchée, ce qui signale qu'il a compris la punition. Réprimandez votre chien si vous le surprenez pendant qu'il fait une bêtise, mais cessez immédiatement lorsqu'il montre des signaux d'apaisement.
- **Jouez à la balle avec votre chien**. S'il n'accomplit pas l'acte correctement et jusqu'à son terme (restituer l'objet), arrêtez le jeu et cessez toute communication avec lui jusqu'à ce qu'il ait lâché la balle.
- **Socialisez votre chien** en multipliant les contacts avec des congénères mais aussi d'autres espèces.

- **Faites nager votre chien**. La natation est une activité physique qui demande concentration et coordination au chien.
- **Contrôlez les contacts**. Lorsque le chien vient vous solliciter, refusez, détournez-vous sans le toucher en évitant de lui parler. Ensuite, après l'avoir fait patienter un peu, puis de plus en plus longtemps, appelez-le pour répondre à sa demande. Le chien obtient ce qu'il désirait, ce qui va faire baisser son stress, mais vous aurez repris l'initiative du contact et cela fait toute la différence.
- **Redéfinissez les relations et la position de chacun**. Ôtez les prérogatives que le chien a pu s'octroyer : l'accès à la chambre, aux canapés, le contrôle des lieux de passage…
- Laissez-lui de nombreux **objets à mâcher à disposition**.
- Travaillez des exercices d'éducation très souvent dans la journée (voir ci-dessous).
- **Travaillez la fixation sur le maître** (voir p. 22).
- Apprenez-lui à rester seul (voir p. 47).

Les exercices d'éducation

Ces exercices doivent s'effectuer dans le calme, avec un minimum de gestes, d'une voix sereine et posée en utilisant une méthode positive.

- Si vous voulez obtenir une position (« assis », par ex.), commencez par capter son attention puis donnez-lui l'ordre calmement, à voix basse. Patientez quelques secondes pour voir s'il répond à votre ordre.
- Si le chien ne s'assied pas, exigez qu'il obéisse en répétant l'ordre d'une voix plus ferme, mais toujours sans crier ni vous énerver.
- Vous pouvez vous aider d'une friandise. Lorsque le chien s'est assis, félicitez le calmement, donnez-lui sa récompense lentement, faites-lui une caresse douce sur le poitrail.
- Multipliez les séances courtes (5 à 10 min max) de travail dans la journée.
- Assurez-vous, lorsque vous donnez un ordre au chien, qu'il vous a bien entendu. Il est capital d'éviter au maximum les conflits et les contraintes.

À ne pas faire

- Les médicaments pour réduire l'hyperactivité, l'hyper-vigilance et les troubles du sommeil existent. Ils peuvent aider mais ne remplacent pas ce travail de fond sur le comportement du chien.

- Les jeux qui augmentent l'excitation et les jeux de mordant sont bien sûr proscrits.
- Les sports canins à base de mordant sont également à éviter.
- Ne pas laisser le chien trop longtemps seul.
- Ne pas tirer sur la laisse pour l'empêcher d'aller où il veut mais l'interpeller à l'aide d'une friandise pour l'attirer vers vous.
- Ne pas prendre un autre chien.

Si votre chien a passé de longs moments seuls à la maison :
- Emmenez-le faire une grande balade dans un endroit où il pourra se dépenser, courir sauter à sa guise. Choisissez un endroit où il n'y a pas d'autres chiens. Jouez avec lui en lui lançant un objet, en courant… Si des comportements de surexcitation apparaissent (mordillements, aboiements, sauts sur vous…), cessez l'activité, croisez les bras et dites-lui « non » d'une voix sèche.
- Une fois le chien un peu fatigué, appelez-le et faites-lui faire quelques exercices d'obéissance.

MON CHIEN TOURNE AUTOUR DE SA QUEUE ET ESSAIE DE SE MORDRE

Les Bull Terriers, les Cairns Terriers, les Bergers Allemands et les West Highland White Terriers sont assez souvent sujets à ce trouble.

Le tournis est défini comme l'action du chien qui court le nez collé à la base de sa queue suivant un cercle de faible rayon, jusqu'à épuisement. Ce comportement est tout à fait normal chez le jeune chien, et il semblerait qu'il s'agisse d'un jeu. Mais lorsque ce comportement devient répétitif et excessif, qu'il entraîne des mutilations du fouet, ou qu'il s'accompagne de grognements, d'aboiements, voire d'agressivité, on est en présence d'une véritable stéréotypie appelée le *tail chasing*. En général, le chien commence par des rotations lentes. Il se concentre sur sa queue puis évolue en rotations rapides. La fixation sur la queue disparaît au fur et à mesure de l'accélération des rotations. La durée augmente souvent avec la fréquence des manifestations. Il peut arriver que le chien s'immobilise brusquement et garde sa position pendant quelques minutes.

Il faut être extrêmement vigilant et intervenir dès l'apparition de ce trouble car l'évolution peut être grave. Non seulement la fréquence et l'intensité augmentent, mais l'acte de tourner n'étant pas suffisant pour apporter l'apaisement recherché, le chien en arrive à s'automutiler et peut se blesser gravement. Le *tail chasing* n'est que la manifestation d'un état d'angoisse. Il faut traiter la cause et non la conséquence. S'il est nécessaire d'intervenir pour éviter l'amplification du phénomène, il faut apaiser le chien pour faire disparaître le comportement. L'origine du trouble est le plus souvent liée à de la frustration (notamment lors du départ et du retour du maître), à l'excitation (présence inhabituelle de visiteurs ou de congénères, repas...), à une peur ou une phobie (bruit de moteur ou d'orage, par ex.).

À faire

- **Écartez une cause physique en consultant un vétérinaire :** le chien souffre peut-être de démangeaisons ou d'irritations de la région périanale, d'une lésion cutanée ou d'un nerf, d'une dermatite, d'un blocage des glandes anales ou, plus grave, d'une forme d'épilepsie.

- **Seul un stimulus extérieur peut interrompre le chien**. Mais attention, pas n'importe comment ! Il est préférable d'agir dès la phase appétitive. Pour cela, munissez-vous d'une friandise. Émettez un bruit sec (taper dans vos mains, par ex.) pour capter son attention. Attendez quelques secondes et demandez une position (assis ou couché) puis récompensez. Pour finir, il est nécessaire de lui procurer une satisfaction, jouet préféré, os à mâcher… dans un lieu où il se sent bien et où le stimulus qui a engendré le comportement ne pourra pas l'atteindre. C'est important pour que le chien ne se fixe pas à nouveau sur l'origine de son comportement.

À ne pas faire

- L'amputation du fouet du chien ne fait pas disparaître ce comportement.
- Il est très difficile, voire dangereux, de stopper physiquement ce comportement, car le chien pourrait mordre par accident. Il se peut que, perturbé dans la manifestation de son stress, le chien devienne agressif.
- Ne pas utiliser de moyen « violent » pour attirer l'attention du chien.
- Ne pas utiliser de colliers à télécommande ni de pistolets à eau.

MON CHIEN S'AUTOMUTILE

Le chien se lèche, se gratte ou se mordille jusqu'à se provoquer des lésions cutanées graves. Certains se rongent la patte ou la queue jusqu'à l'os, ou se mordent les flancs jusqu'à apparition de blessures sérieuses. L'hyper-attachement, un mauvais positionnement du chien dans le groupe familial, un changement dans son cadre de vie (déménagement, départ d'un des membres du groupe, mise à la retraite d'un chien sportif...), une dépression, une frustration intense (manque de sollicitations et de stimulations), ou un traumatisme sont les principales raisons qui vont aboutir à ce comportement. Il faut déterminer celle qui concerne votre chien. Si vous avez un doute, procédez par élimination en partant des hypothèses les plus simples. Y a-t-il eu un changement ou un événement particulièrement stressant ? Votre chien est-il suffisamment stimulé ? Hormis ce comportement autocentré, y a-t-il d'autres signes ? Si oui, à quoi font-ils penser ? (anxiété de séparation, dépression…). Une fois l'origine déterminée, il sera possible d'y remédier.

À faire

- Vérifiez tout d'abord que votre chien ne vous joue pas la comédie pour attirer votre attention : ignorez-le tout simplement.
- **Consultez le vétérinaire** si ce comportement persiste pendant quelques jours. Votre chien peut être victime de parasites (puces ou vers) ou atteint par la gale (des oreilles ou de la peau), une mycose ou de l'arthrose. Cela peut venir également d'une blessure, d'une infection de la peau, voire d'une tumeur. Les épillets (partie supérieure de la tige de certaines graminées) peuvent également entraîner ces symptômes. Si la cause physique est écartée, l'origine est liée à une angoisse.
- **Si vous voyez votre chien adopter ce comportement, distrayez-le**. Intervenez lors de la phase appétitive en produisant un bruit sec ou avec un pistolet à eau, par ex. Le but est d'attirer son attention et d'interrompre le cycle comportemental. Attendez quelques secondes, et appelez-le pour une promenade, pour jouer avec lui ou pour lui donner un os à ronger.
- Si vous constatez des blessures à votre retour à la maison, vous ne pouvez malheureusement pas faire grand-chose. Des bandages couverts de moutarde ou d'un autre produit répulsif, à condition de bien isoler le produit de la peau du chien, ou une collerette en plastique peuvent parfois éviter les lésions mais ces « solutions » ne résolvent pas la cause de l'automutilation et peuvent augmenter le stress. Ce ne sont donc que des moyens temporaires qui n'évitent que l'aggravation des blessures.

À ne pas faire

- Ne pas gronder ni cajoler. Il ne faut surtout pas récompenser le chien en lui donnant une friandise, en lui montrant de l'attention (en lui faisant plaisir ou en le réprimandant) ou en jouant avec lui sans avoir au préalable distrait le chien de son activité autocentrée. Ce genre d'attitude provoquerait un renforcement involontaire.

Il arrive souvent que le chien persévère dans ce comportement d'automutilation bien après que l'origine en ait été résolue, tout simplement parce qu'il en a pris l'habitude et que pour lui cette attitude est devenue normale. Aussi, n'attendez pas et réagissez au plus vite.

MON CHIEN MANGE TOUT CE QU'IL TROUVE

La coprophagie peut être considérée comme une forme particulière du syndrome de pica.

Le comportement alimentaire correspond à un besoin primaire vital. Chez le chien, on peut différencier le comportement alimentaire dans la nature (prédation) de celui de la maison (repas préparé par le maître). Comme nous, le chien peut souffrir de troubles tels que la boulimie, l'anorexie ou le syndrome de pica.

Lorsque votre chien mange tout et n'importe quoi, papier, plastique, cailloux, terre, herbe, bois, etc., il est possible qu'il souffre du **syndrome de pica**. Ce trouble est caractérisé par l'**ingestion durable, c'est-à-dire d'une durée supérieure à 1 mois, et de manière compulsive, de substances non nutritives et qui ne sont pas destinées à être mangées**.

Ce syndrome, relativement rare, peut entraîner des problèmes dentaires, des maladies liées au parasitage, des irritations et des infections de la bouche et de l'appareil digestif dans son intégralité, une intoxication, une perforation intestinale ou stomacale, une péritonite ou encore une occlusion intestinale. **C'est donc un trouble à prendre avec beaucoup de sérieux**.

Chez le chiot, l'ingestion d'objets non alimentaires fait partie du comportement d'exploration infantile (« phase orale »). Durant cette période, il découvre le monde avec sa gueule et avale alors de manière involontaire divers papiers, morceaux de plastique, de tissu ou de bois, excréments, terre, voire ses poils. Cela ne constitue bien évidemment pas un trouble du comportement même s'il faut être vigilant à ce que le chiot ingère.

De même, la lithophagie (ingestion de pierres) accidentelle par un chien adulte n'est pas rare. Elle est due à la manie de transporter des cailloux. Vous devez débarrasser votre chien de cette habitude, ne serait-ce que pour sa dentition : donnez-lui des balles dures pour jouer et apprenez-lui à remplacer le caillou qu'il a pris par un morceau de bois à chaque occasion (attention aux éclats acérés).

Ne pas confondre ingestion d'herbe seule et syndrome de pica

Contrairement aux idées reçues, le chien qui mange de l'herbe et vomit ne se vermifuge pas. Souvent, il cherche sur l'herbe un peu de fraîcheur ou d'humidité, voire l'avale car son odeur l'attire (par ex. si un animal a uriné dessus), parce qu'elle a un goût sucré ou pour ingurgiter des fibres. Manger de l'herbe ne comble pas non plus les carences alimentaires du chien. Il est possible qu'il tente de soulager une lourdeur gastrique.
Ce n'est pas une habitude à lui laisser prendre : l'herbe peut être porteuse de larves de parasites et il peut aussi s'empoisonner (plantes toxiques ou produits chimiques).
Si votre chien a pour habitude d'ingérer de l'herbe et qu'il ne vomit pas, il est préférable de lui faire perdre cette manie. En revanche, si votre chien se met d'un coup à manger de l'herbe, que ce soit suivi de vomissements ou non, il faut très vite aller consulter un vétérinaire.

On ne peut parler de syndrome de pica que dans le cas d'un chien adulte qui ingère volontairement et régulièrement des substances non nutritives.
Si votre chien est atteint d'un tel trouble, il est impératif de le **vermifuger 3 à 4 fois minimum**. Il souffre peut-être d'une ascaridiose

Le syndrome de pica d'origine anxieuse s'accompagne le plus souvent de destructions, souillures et coprophagie.

(infestation de l'intestin par des vers longs, les ascaris). Si le trouble persiste, consultez rapidement votre vétérinaire. De nombreuses maladies graves sont à l'origine de ce comportement.

Les maladies graves pouvant provoquer le syndrome de pica : gastrite chronique (l'ingestion ou le léchage de matières non comestibles soulage l'irritation de l'estomac), carence alimentaire, encéphalopathie (maladie du cerveau due à une sénilité ou à la rage par ex.), insuffisance pancréatique, déficit en amylases (enzyme digestive constituant de la salive et du suc gastrique), boulimie (due à un diabète ou à la maladie de Cushing) ou intoxication au zinc (qui entraîne des problèmes gastro-intestinaux).

S'il n'est pas d'ordre médical, ce trouble est probablement dû à une anxiété forte, un problème d'hyper-attachement, une dépression, ou à une frustration.

À faire

- **Donnez-lui une alimentation de très grande qualité** (« super premium », « haut de gamme », « santé »...).
- Retravaillez les bases éducatives (propreté et absence) en utilisant des méthodes positives.
- **Utiliser une laisse lors des promenades** vous permet de surveiller le chien pour l'empêcher d'ingérer n'importe quoi.
- Vérifiez qu'il n'y a pas d'objets tentants à sa portée lorsque vous vous absentez.
- Lorsqu'il veut attraper quelque chose, appelez-le gaiement, détournez son attention en demandant une position, en proposant des jeux ou le caressant. Éloignez-vous de l'objet tranquillement de manière naturelle.
- Lâchez-le sans faire attention à lui, dans un endroit rempli d'objets auxquels vous savez qu'il ne résiste pas que vous aurez préalablement recouvert de répulsif.
- **Laissez-lui de nombreux objets à mâcher** adaptés à disposition.
- Apprenez-lui, de manière positive, des ordres tels que « lâche » ou « pas toucher ».
- **Appelez-les centres anti-poisons si votre chien a ingéré des produits chimiques dangereux.**

Pour lutter contre le syndrome de pica, utilisez les méthodes de contre-conditionnement citées p. 106 contre le *tail chasing*.

À ne pas faire

- Ne pas gronder votre chien lorsque vous le voyez prendre quelque chose d'inadapté. Vous risqueriez d'augmenter son stress et de renforcer son comportement (il chercherait à attirer l'attention). De plus, certains chiens peuvent arriver à se maîtriser en présence du maître pour redoubler d'ardeur à la mastication dès qu'il a le dos tourné.
- Ne pas cajoler votre chien s'il a avalé quelque chose de non comestible pour éviter de renforcer le comportement.
- Ne pas laisser d'objets tentants à portée du chien, sauf lors des phases de travail de déconditionnement.
- Ne pas ranger les objets qui traînent devant le chien. Il pourrait vouloir faire comme vous.
- Ne pas déranger le chien lors de ses repas.
- Ne pas tirer brutalement sur la laisse. Ne pas crier pour l'empêcher d'attraper quelque chose.

Comme tout syndrome, le syndrome de pica est inscrit de manière définitive dans le comportement du chien mais il comporte des phases de repos et des phases de crises. Lorsque votre chien est atteint de ce trouble, restez vigilant.

MON CHIEN MANGE SES EXCRÉMENTS (OU CEUX D'UN AUTRE ANIMAL)

Le fait d'ingérer régulièrement ses excréments ou ceux d'autres espèces animales est appelé **coprophagie**.

L'ingestion occasionnelle de selles de chat ou d'herbivores ne doit pas être considérée comme de la coprophagie : la nourriture industrielle pour chats contient énormément d'exhausteurs de goût et d'arômes artificiels, ce qui rend leurs excréments appétissants pour le chien, et les déjections des herbivores contiennent des fibres qui permettent une meilleure digestion.
Si votre chien se met brusquement à manger des excréments pendant quelques jours puis qu'il cesse, ce n'est pas non plus de la coprophagie. Il souffre sans doute d'une maladie du type gastro-entérite. Vérifiez si ses selles sont normales et s'il n'est pas atteint de vomissements.

La coprophagie chez le chiot est assez répandue. En effet, lors de la phase d'exploration, le chiot a tendance à mettre en gueule n'importe quoi. C'est d'autant plus vrai avec les crottes que l'odeur est le principal facteur d'ingestion. Ce comportement cesse définitivement vers l'âge de 10 mois.
Si un chien de plus d'1 an continue d'ingérer des selles de manière répétée, il est nécessaire de s'inquiéter. L'ingestion de matières fécales provoque un risque d'absorption de parasites, mais la coprophagie d'un chien adulte est synonyme d'autres problèmes plus graves à traiter. La coprophagie est très difficile à enrayer : il est capital de s'y prendre au plus tôt et de ne surtout pas la négliger.

Si votre chien souffre de coprophagie, vérifiez avant tout que la quantité et la qualité de sa nourriture sont adaptées. Par exemple, les additifs exhausteurs de goût ne sont pas totalement assimilés par l'animal ; ils sont donc éliminés tels quels et gardent une odeur telle que le chien croit manger un aliment sain. Donner une trop grande quantité de nourriture à votre chien ne résoudra rien. En effet, le surplus passe directement dans les intestins et n'est pas correctement digéré. Les selles en deviennent par conséquent très appétantes. Il est donc préférable de diviser la ration journalière de votre chien en au moins 2 repas. Les chiens peuvent aussi ingérer les matières fécales pour récupérer des éléments nutritifs qui leur font défaut, notamment lorsque son alimentation est trop riche en amidon et en hydrates de carbone mais trop pauvre en lipides et fibres (cas très fréquent des restes de table). Il faut lui offrir un régime alimentaire équilibré, très digeste et qui correspond à ses besoins. L'adoption d'aliments riches en gras, en fibres et en protéines, et faibles en hydrates de carbone peut s'avérer efficace.

À faire

- **Vermifugez-le**. Des parasites peuvent engendrer une coprophagie.
- Consultez votre vétérinaire pour vérifier que votre chien ne souffre pas de troubles digestifs, gastrite chronique, carences alimentaires, perturbations de la flore intestinale, insuffisance pancréatique, problèmes hépatiques, biliaires ou hormonaux.
- **Apprenez-lui à rester seul**.
- Intensifiez ses activités (jeu, promenades, dressage ou course).
- **Nettoyez régulièrement son environnement**, avant qu'il ne mange les excréments qui s'y trouvent.
- Utilisez des produits qui masquent les odeurs.
- **Piégez quelques crottes avec du tabasco ou du piment** et laissez-les à la disposition du chien.

- Utilisez un complément alimentaire, le Copronat (produit naturel à base de yucca), qui se met sur les aliments. Il permet de réguler la flore intestinale et semble rendre les crottes inapétentes en 1 mois et demi environ.
- Essayez certaines « recettes de grands-mères » telles que le jus de citrouille en conserve, l'adjonction d'un produit attendrisseur de viande sans goût ou d'huile végétale (à raison de 2,5 ml/kg de poids corporel) à l'alimentation du chien ou encore 4 à 5 gouttes d'anis dans la gamelle.
- Aspergez toutes les crottes que vous rencontrez lors de vos promenades, à l'aller, d'un répulsif, en maintenant votre chien à distance. Au retour, laissez-le s'approcher de ces déjections sans remontrance aucune et félicitez-le dès qu'il s'en éloigne.
- **Les mêmes techniques que pour lutter contre le** *tail chasing* **peuvent être appliquées** (voir p. 106). Par exemple, faites cesser le comportement en émettant un bruit sec, en attendant quelques secondes et en appelant le chien, ou en lui demandant une position ou en jouant avec lui.
- **Si vous avez plusieurs chiens**, nourrissez-les chacun dans une pièce différente, et sortez-les chacun leur tour pour qu'ils éliminent sans qu'il y ait compétition entre eux.

À ne pas faire

- Ne pas gronder le chien si vous découvrez des crottes en rentrant à la maison. Il pourrait prendre l'habitude d'ingérer ses déjections pour faire disparaître les preuves du délit et éviter la punition.
- Ne jamais nettoyer devant le chien. Il pourrait vouloir faire comme vous, « faire disparaître les selles ».
- Ne pas réagir systématiquement et immédiatement si vous surprenez votre chien pendant qu'il ingère ses fèces. Cela pourrait renforcer le comportement en associant l'ingestion de crottes avec l'attention du maître. Pour le chien, il vaut mieux un maître qui sermonne qu'un maître absent ou négligent.
- Ne pas utiliser de produits ménagers contenant de l'ammoniaque qui fixe les odeurs.

MON CHIEN BOIT TOUT LE TEMPS

La potomanie est un besoin irrésistible de boire en permanence et sans que cela soit nécessaire.
La potomanie est un trouble assez rare mais très contraignant pour le maître. Il s'accompagne souvent du syndrome HS-HA. **C'est un rituel qui a une fonction de communication**.
Dans les cas les plus extrêmes, le chien ne pense plus qu'à boire (il lèche l'herbe mouillée, il boit dans la cuvette des toilettes, il peut même être tenté par des eaux usées…). Les vétérinaires conseillent dans ces cas-là l'euthanasie du chien.

La potomanie a souvent pour origine une séparation précoce d'avec la mère.
Un grand stress ou une forte angoisse peuvent également occasionner ce trouble.
Lorsque vous avez un doute, consultez un vétérinaire. En effet, la potomanie peut être confondue avec un syndrome de Cushing, une insuffisance rénale, la maladie d'Addison, ou un diabète sucré ou insipide.
La potomanie d'origine anxieuse est très difficile à soigner, mais en donnant au chien des repères clairs et un cadre adapté, il est possible d'améliorer la situation. Il vous faut, bien entendu, déterminer la cause de cette angoisse afin de la réduire.

À faire

- Consultez le vétérinaire pour vérifier que votre chien ne souffre pas d'insuffisance rénale ou d'un diabète insipide.
- **Retravaillez les bases éducatives** (propreté et absence) en utilisant des méthodes positives.
- Augmentez son activité physique et intellectuelle : plus de sorties, plus de jeux, plus de travail éducatif…
- Redéfinissez la relation maître/chien de manière claire.
- Utilisez des Fleurs de Bach.
- Contrôlez la quantité d'eau qu'il peut boire en la limitant très progressivement.

Un chien doit boire entre 50 et 75 ml d'eau/kg/jour (un chien de 20 kg doit donc boire entre 1 l et 1,5 l d'eau/jour). Avec la chaleur ou une activité physique intense, cette quantité peut augmenter jusqu'à 100 ml d'eau/kg/jour (soit 2 l pour un chien de 20 kg).

- **Détournez son attention dès que vous voyez qu'il va boire**. Appelez-le gaiement, jouez avec lui…
- Laissez-lui de nombreux jouets à disposition.
- Emmenez-le se promener près d'un cours d'eau en l'empêchant d'aller à l'eau. Jouez avec lui, proposez-lui une friandise pour détourner son attention…

Les mêmes techniques de lutte contre l'hyperactivité et le *tail chasing* ou peuvent être appliquées : voir pages 101 et 106.

À ne pas faire

- Ne pas intervenir lorsque le chien boit de manière compulsive. Vous risqueriez une augmentation du stress et un renforcement du comportement pour attirer l'attention.
- Ne pas l'empêcher de boire en le grondant ou en tirant sur la laisse. Cela entraînerait une frustration et le chien se « rattraperait » plus tard.

Si le chien souffre de diabète sucré ou insipide, le rein ne peut pas concentrer l'urine, qui se trouve donc émise en grande quantité et très diluée. La quantité d'eau absorbée par le chien, même excessive par rapport à la norme, lui est donc nécessaire.

LES IDÉES REÇUES

La viande rouge réveille les instincts de prédateur du chien et le rend dangereux

Le chien n'est pas omnivore comme de nombreux maîtres le pensent, mais bel et bien carnivore. La viande est son alimentation naturelle et principale même s'il peut aussi se nourrir partiellement de fruits et de légumes. Il n'assimile pas bien les céréales alors qu'il est capable, grâce à la haute acidité de ses sucs gastriques, de digérer des os.
De plus, le chien a, quelle que soit sa race, l'instinct de prédation. Il fait la différence entre sa gamelle et un animal vivant. Donner de la viande rouge à son chien ne va donc le rendre ni plus ni moins agressif. Il faut toutefois ne pas en abuser et bien équilibrer son alimentation.

Il vaut mieux donner à son chien du sucre plutôt que de la graisse

Le chien tire son énergie des lipides et non, comme l'être humain, des glucides.
Le sucre ne rend pas les chiens aveugles, mais peut provoquer un diabète, qui lui, peut entraîner une cécité. En revanche, il amène toujours le chien au surpoids.
Pour garder son chien en bonne santé, une alimentation de qualité doit être équilibrée en lipides, glucides et protéines.
Pour les chiens sportifs, cet équilibre alimentaire, associé avec une quantité d'eau adaptée, permet au chien d'être performant tout en préservant sa santé.

Pour schématiser, lors de l'activité musculaire, les aliments sont transformés en énergie grâce à une molécule d'ATP (Adénosine Tri-Phosphate). Or, pour le chien, dans des conditions normales et contrôlées, une molécule de glucide produit 39 molécules d'ATP alors qu'une molécule d'acide gras en produit 129.

Il faut faire jeûner les chiens régulièrement

Sous prétexte que leurs cousins sauvages sont contraints de jeûner parfois plusieurs jours, certains maîtres pensent qu'il est bon pour leur chien de passer quelque temps sans manger. C'est une aberration. Si les canidés sauvages jeûnent, ce n'est pas par choix ou par souci de santé, mais parce qu'ils ne trouvent pas de quoi subvenir à leurs besoins quotidiennement. Leur organisme souffre de cette irrégularité. Les chiens domestiques ont l'immense avantage d'avoir accès à la nourriture tous les jours. Si on ne leur donne pas leur ration journalière, on risque de mettre leur santé en danger. En effet, leur organisme va puiser dans les réserves de graisses, de sucres, de protéines, d'acides aminés… Cet épuisement des réserves provoque un déséquilibre qui peut être grave.

Certains maîtres pratiquant avec leurs chiens des compétitions sportives (canicross, agility…) pensent qu'il est préférable de ne pas nourrir leur animal le matin des épreuves (souvent par souci de la dilatation-torsion d'estomac). C'est une grave erreur. Les sportifs professionnels se nourrissent avant une compétition. Il faut donc donner au chien, 2 à 3 h avant l'effort, un repas très léger mais très riche en matières énergétiques : pauvre en glucides mais avec un taux de lipides élevés.

La main qui caresse ne doit pas taper, il vaut mieux prendre un journal roulé

Frapper un chien, même de manière retenue, est absolument incompréhensible pour lui. Il ne va donc pas faire la différence entre la main qui veut caresser et celle qui veut frapper. Toutefois, le chien nous « lit » parfaitement et ne va pas se focaliser uniquement sur la main, mais sur notre posture dans son ensemble. Si nous sommes en colère, il va le ressentir et ne va jamais avoir de doute sur nos intentions quand on approche la main de lui. Ainsi, même s'il ne comprend pas cette forme de sanction, le chien est tout à fait capable de faire la distinction entre une sanction et une caresse. De plus, la mère n'a qu'une seule gueule pour lécher ou pour réprimander ses chiots. D'autre part, le fait d'aller chercher un objet pour sanctionner le chien

nous éloigne du moment où il a commis la bêtise et donc la sanction perd en lisibilité.
Par conséquent, si frapper son chien avec la main est inefficace, il est complètement inepte d'aller chercher un journal roulé pour le sanctionner. De même, il ne faut pas le prendre par la peau du cou et le secouer car vous reproduisez l'acte de prédation (le chien attrape sa proie et la secoue pour la tuer). Vous êtes donc dans une situation extrême de menace de mort.
Il est préférable de prendre une posture menaçante et de réprimander le chien de la voix.

Mon chien est gentil

Que le chien remue la queue, demande des caresses, se mette en position de jeu n'a rien à voir avec de la gentillesse. Le chien ignore les notions de bien et de mal, il ne peut donc pas être gentil ou méchant. Par ce comportement, votre chien montre qu'il est sociable et qu'il désire qu'on s'occupe de lui. Cela ne signifie pas pour autant qu'il ne représente aucun risque. Un chien reste un animal et un prédateur, avec ses émotions et ses réactions propres à sa nature de canidé.

Mon chien est jaloux

Le sentiment de jalousie est propre aux humains, mais le chien peut mal réagir à la caresse d'un autre animal, voire aux relations entre êtres humains. C'est la compétition hiérarchique qui engendre cette réaction. Il faut donc remettre les choses à leur place et expliquer au chien que son comportement est absurde et inacceptable. Pour cela, une reprise des bases éducative est inévitable en intégrant l'individu qui est à l'origine de la réaction dans les séances de travail.

Il faut parfois être brutal pour s'imposer

On entend souvent des conseils du type : « pour apprendre la position assise au chien, il faut lui appuyer fermement sur le dos » ou « pour la position couchée, un bon coup de pied sur la laisse, le plus près possible du collier et on garde le pied posé au sol », mais aussi « un bon coup de genou dans le poitrail, il ne recommencera pas » ou les incitations au vigoureux « coup de sonnette » pour apprendre à un chien à marcher en laisse, sans oublier tout le matériel (cage, colliers anti-aboiements) qui peut avoir une efficacité lorsqu'il est correctement utilisé mais qui se transforme en outil de torture quand on s'en sert sans réflexion. Enfin il y a les fameux « pour s'imposer, il faut plaquer le chien au sol et le retourner en position de soumission » et « tu l'attrapes par la peau du coup et tu le secoues ».

Un chien n'en retourne jamais un autre sur le dos pour le soumettre. L'action de se mettre sur le dos est une réponse volontaire et non une contrainte, par conséquent, le chien a bien du mal à identifier cette attitude qu'il ne reconnaît pas. Il va considérer cela, à juste titre, comme une agression et pourra alors adopter une attitude d'autodéfense : menace ou agression.

Secouer le chien en le tenant par la peau du coup comme, dit-on, le ferait sa mère est inapproprié. La chienne ne sanctionne pas ses petits ainsi, ensuite, le chien n'est plus dans le contexte (fratrie et âge) dans lequel cette soi-disant punition était appliquée et enfin parce qu'attraper le chien ainsi ressemble fort à la façon dont le chien peut capturer une petite proie pour la tuer. Cette sanction est donc non seulement inefficace mais se révèle être une agression violente pouvant entraîner une réponse sur le même mode. De plus, votre chien apprendra qu'il faut se méfier de vous car vous apparaissez comme imprévisible et indigne de confiance.

Il ne faut pas être violent. Si un « éducateur » vous recommande des moyens violents, fuyez-le au plus vite. La violence en éducation est réservée aux incapables. Tous les apprentissages se font de manière non coercitive, la relation doit être basée sur la confiance et vous devez adapter votre façon d'être au comportement canin pour être efficace.

Il ne faut pas laver un chien plus de deux fois par an

À condition d'utiliser des produits adaptés (pH), un chien peut très bien être lavé plusieurs fois dans l'année. En revanche, l'utilisation de produits pour les hommes, même ceux pour bébés, est à proscrire pour éviter les problèmes cutanés (irritations ou allergies). Il faut choisir des shampoings spécifiques au chien en affinant sa recherche à celui qui sera le meilleur pour votre animal. En effet, les bains trop fréquents avec des produits inadaptés suppriment les graisses naturelles du pelage et font disparaître les protections de la peau. Il faut également faire attention à la température de l'eau qui, dans l'idéal, devrait être de 38 °C. Après le bain, quelle que soit sa race, séchez votre chien, intérieur des oreilles compris, faute de quoi il pourrait être victime d'une otite. Il existe aussi des mousses sans rinçage qui permettent de nettoyer le chien tout en évitant un bain. Enfin, il faut éviter de baigner les chiots de moins de 3 mois.

Une chienne doit avoir au moins une portée pour son équilibre

Cette idée relève de l'anthropomorphisme. En dehors de ses périodes de chaleurs qui l'incitent à la reproduction, pour perpétuer l'espèce, la chienne n'a absolument aucune envie de jouer le rôle de mère. Elle n'y pense tout simplement pas. Le chien vit dans l'instant présent et ne peut absolument pas développer une telle notion. Par conséquent, stériliser une chienne ne risque absolument pas de la déprimer, de lui faire perdre son enthousiasme. Au contraire, une telle opération peut lui éviter un cancer de l'appareil reproducteur ou des mamelles. Toutefois, cette opération peut aussi accentuer l'agressivité chez la chienne. Dans tous les cas, il est préférable d'en discuter avec votre vétérinaire.

Un grand chien doit manger dans le calme

Il est toujours préférable de manger dans le calme. Pour les chiens de grande taille, l'appareil digestif peut présenter une fragilité fonctionnelle. Cependant tous les chiens, quelle que soit leur taille, peuvent être victimes d'une dilatation-torsion d'estomac. Cette affection, très grave (mortelle dans 9 cas sur 10), peut être provoquée par une surcharge subite de l'estomac (il est préférable de donner la ration quotidienne en 2 repas), une alimentation déséquilibrée, mais aussi un stress. Il est donc indispensable de bien veiller au calme qui doit entourer la prise des repas, aussi bien avant, pendant qu'après. L'idéal est de nourrir le chien dans une pièce isolée dans laquelle il ne sera

pas perturbé par des passages incessants. On lui laisse sa gamelle un quart d'heure, puis on la retire, qu'il l'ait terminée ou non. Attention à ne pas nourrir votre chien de manière trop importante après ou avant un effort physique intense. De même, il est stupide de faire mine de lui donner sa gamelle pour la retirer immédiatement ou de mettre ses mains à l'intérieur pour lui montrer qui est le chef. Outre le stress que vous lui infligez inutilement et qui le met en péril, vous entrez dans une relation de contrainte et de conflit avec votre animal. Qu'allez-vous faire s'il ose se rebiffer ou manifester son mécontentement ? Le punir en lui retirant sa gamelle ? Le battre ? Il y a bien d'autres façons beaucoup plus efficaces de créer une relation avec votre chien que la crainte. Il ne faut donc absolument pas utiliser ces pseudo-méthodes d'un autre âge.
Tout chien, quelle que soit sa taille, doit être nourri dans les meilleures conditions émotionnelles et avec une alimentation adaptée.

Un chiot ne doit pas sortir avant la fin de ses vaccins

Il est recommandé de ne pas sortir un chiot avant la fin de ses vaccins. Cependant, comme ceux-ci ne sont efficaces que vers les 3 mois du chien, en prenant cette précaution excessive, on perd une grande partie de la période de socialisation dans le processus de développement du chiot. Cette phase, qui dure de la fin de la 3e semaine jusqu'aux 3 mois du chiot, est une période clé pendant laquelle il s'imprègne des divers constituants de son univers quotidien (bruits, odeurs, êtres vivants, couleurs...). Après cette période, toute nouveauté sera susceptible de représenter un stress, voire un danger pour lui. Lorsque la socialisation du chiot ne s'est pas bien déroulée, le chien adulte montre des troubles du comportement. Il est donc important de sortir son chien, même si tous ses vaccins ne sont pas actifs. Il faut lui présenter le maximum de situations (bruits de la ville, d'un marché, d'une école...), le maximum d'animaux (de toutes tailles, de toutes espèces) et d'être humains, le manipuler et le faire manipuler (en faisant attention à ne pas être brusque). Bien entendu, il faut se renseigner sur l'état de santé des animaux qu'il croise, donc éviter les chiens malades ou errants. De même, il faut veiller à ne pas le laisser boire des eaux stagnantes ou renifler de trop près, voire de lécher les traces d'urine dans la rue. Il est bon pour lui, comme pour vous d'ailleurs, de l'emmener dans un club canin, dans lequel tous les chiens sont à jour de leurs vaccins, y compris celui de la rage. Il rencontrera ainsi, en toute sécurité sanitaire, des chiens de tous poils et de toutes tailles.

Vacciner son chien augmente le risque qu'il contracte une maladie grave

Cette assertion est complètement ridicule. Les vaccins ne garantissent pas une protection totale mais ils permettent de sauver de très nombreux chiens. Les tiques peuvent transmettre d'innombrables maladies graves dont la plupart sont transmissibles entre l'homme et l'animal. Parmi ces maladies on trouve principalement la maladie de Lyme, l'ehrlichiose et la piroplasmose, contre lesquelles les vaccins ont prouvé leur efficacité. La tique peut aussi provoquer des allergies, des lésions cutanées, une encéphalite, très rarement une tularémie des arboviroses ou des fièvres. Les vaccins, hormis quelques cas extrêmement rares concernant des chiots qui ne supportent pas l'un de leurs composants, ne sont donc pas responsables de la mort des chiens, bien au contraire. De même qu'il est nécessaire de vacciner votre animal, il est aussi impératif de le protéger des parasites et par conséquent de le vermifuger et de le traiter contre les puces, tiques et moustiques.

INDEX

24, rue de Mogador
75009 Paris
Tél. : 01 48 05 03 03
Fax : 01 48 05 02 04
www.editions-ulmer.fr
Rejoignez-nous sur Facebook et Instagram

Tous les dessins ont été réalisés spécialement pour ce livre par Kei Lam

Réalisation : Laurent Melin
Responsabilité éditoriale : Raphaèle Dorniol
Impression : Printer Trento, srl
ISBN : 978-2-84138-995-7

N° d'édition : 995-01

Dépôt légal : avril 2019
Printed in Italy